5-7, rue de l'Ecole polytechnique, 75005 Paris

http://www.harmattan.fr
diffusion.harmattan@wanadoo.fr
harmattan1@wanadoo.fr
ISBN : 978-2-343-06314-0
EAN : 9782343063140

Le développement

du Katanga méridional

Collection « Études africaines »

dirigée par Denis Pryen et son équipe

Forte de plus de mille titres publiés à ce jour, la collection « Études africaines » fait peau neuve. Elle présentera toujours les essais généraux qui ont fait son succès, mais se déclinera désormais également par séries thématiques : droit, économie, politique, sociologie, etc.

Dernières parutions

FODOUOP (Kengne) (dir.), *Le Cameroun. Jardin sacré de la débrouillardise*, 2015.
DJILA KOUAYI KEMAJOU (Rose), *Le droit pénal des affaires au Cameroun*, 2015.
ATTISSO (Fulbert Sassou), *Le mal togolais. Quelle solution ?*, 2015.
PUEPI (Bernard), *Les gouvernances foncières et leur impact sur le processus de développement*, 2015.
OLOMBI (Jean-Claude), *Guerre et paix : leçons de l'intervention de l'ONU en République Démocratique du Congo*, 2015
MOSSOA (Lambert), *Où va la Centrafrique* ? 2015
AMBOULOU (Hygin Didace), *La déjudiciarisation et les procédures non contentieuses en Afrique*, 2015.
BOUOPDA (Pierre Kamé), *L'indépendance du Cameroun, Gloire et naufrages politiques de l'UPC*, 2015.
YEKOKA (Jean Félix), KIDIBA (Samuel) et LEMBIKISSA (Augus) (dir.), *Le mariage coutumier chez les Suundi du Congo-Brazzaville*, 2015.
VITA (Ndugumbo), SAVARD (Denis), FOURNIER (Jean-Pierre), *Reconstruire l'éducation "après-guerre" en R.D. Congo*, 2015.
NGOULOURE NJOYA (Moïse), *Les unions consensuelles chez les femmes africaines*, 2015.
DE YEIMBÉREIN (Bali), *Quand l'Afrique réapparaîtra…*, 2015.
DIANE (Moustapha), *La liberté des médias en Guinée. Entre textes et institutions, quelles réalités ?*, 2015.
TINOU (Robert), *1700 proverbes vili*, 2015.
TINOU (Robert), *Abécédaire du Kouilou*, 2015.
N'GUETTIA KOUASSI (René), *La Côte d'Ivoire de notre rêve,* 2015.
TABEZI PENE-MAGU (Bernard-Gustave), *Évaluer l'élève en*

Nyumbaiza Tambwe, Kasongo Nkulu, Kitaba Kya Ghoanys, Kunkuzya Mwanachilongwe, Kaimbi Mpyana et Kayiba Bukasa.

Le développement du Katanga méridional

L'HARMATTAN

PREFACE

Quand Alex Nyumbaiza Tambwe m'a contacté, au nom de ses co-auteurs, pour me demander de rédiger la préface de leur ouvrage, j'ai accepté volontiers. Cet ouvrage original et évocateur intitulé «Le développement du Katanga méridional», que six chercheurs de l'Université de Lubumbashi soumettent à l'appréciation des lecteurs tente de répondre à certaines questions qui préoccupent le développement de l'espace géographique étudié. Il s'agit d'un ensemble de réflexions portant sur diverses facettes de développement du Katanga méridional. En initiant la publication d'un tel ouvrage qui offre des regards croisés sur les problèmes qui hantent au quotidien la population environnante, ces six chercheurs (Kunkuzya, Kitaba,Kaimbi, Nyumbaiza, Kasongo et Kayiba) mettent en exergue leur qualité de sociologues avisés et psychopédagogue soucieux de trouver des solutions aux problèmes qui se posent à la société. Comme quoi, il existe toute sorte de passions, toujours énigmatiques pour ceux qui ne les partagent pas. Celles que nourrissent et qui nourrissent les six chercheurs sont moins communes que celles que suscite la politique puisqu'elle concerne chaque homme et plus précisément l'histoire de chaque homme à travers le prisme du Katanga méridional. Une telle passion pourrait paraître banale quand elle touche un milieu que l'on connaît très bien mais elle finit par être rayonnante quand elle renvoie à un temps, à une époque désormais imperceptible. C'est nécessairement un choix qui renvoie aux racines les plus profondes de chacun des auteurs :

- Kunkuzya Mwanachilongwe aborde la question des mirages de développement rural au Katanga.
- Kitaba –kya-Ghoanys traite des Organisations non gouvernementales de développement et le bien-être de la population de la ceinture verte de la ville de Lubumbashi.

- Kaimbi Mpyana Delphin examine la question de l'unité et de la diversité des activités de survie dans le sud du Katanga

- Nyumbaiza Tambwe fait le point sur l'agriculture urbaine comme stratégie de lutte contre l'insécurité alimentaire.

- Kasongo Nkulu Kimbalama s'intéresse à la carte scolaire pour une éducation soutenue au développement de la commune annexe.

- Kayiba Bukasa a choisi de réfléchir sur les enjeux socio-économiques du travail féminin dans les entreprises urbaines à Lubumbashi.

La lecture attentive de ces textes et les mots clés du titre de l'ouvrage sont le reflet de plusieurs regards qui convergent sur des références communes et qui divergent à la fois en fonction des champs scientifiques abordés. Qu'il s'agisse du développement rural, des organisations non gouvernementales, des activités de survie, de l'agriculture urbaine, de la carte scolaire et du travail de la femme dans les entreprises, il se profile en filigrane un fond culturel commun. Voilà une autre manière de faire de la sociologie du développement en croisant le regard «de l'autre», «de l'autre que moi» qui exploite tout un imaginaire constituant une bonne part de toutes ces réflexions rassemblées dans ce volume. Et l'imaginaire n'est pas l'illusoire ou le périphérique. Pour peu qu'on lui donne toute sa force l'imaginaire est constitutif d'une culture .Non seulement il l'a fait une, mais aussi il fait la communauté qui la rend possible et qu'elle rend possible. Sans elle, il ne saurait y avoir une communauté d'esprit qui constitue le Katanga méridional ou le Katanga tout court qui fait l'objet de cette étude. C'est un plaisir pour moi d'être le lecteur privilégié de ce livre si riche d'informations. C'est pourquoi, je recommande aux lecteurs d'aller communier aux sources de cette œuvre et d'apprécier ses mérites scientifiques en confrontant ce que les auteurs ont produit avec ce qu'ils auraient réellement voulu exprimer. A eux de savoir l'utiliser à fond pour bien jouir des merveilles du monde et de construire dans cet espace non seulement une cité réelle mais aussi une citadelle dans le cœur de l'homme, leur semblable. C'est cela qui me pousse à penser comme ce grand homme qui a dit un jour au hasard de son humeur : «Ce à quoi nous pouvons convier nos contemporains, ce sera à vivre conjointement et distinctement nos vies» pour mieux réaliser nos projets communs de développement de notre espace de vie.

Julien Kilanga Musinde

Professeur des Universités (Université d'Angers)

Professeur Emérite (Université de Lubumbashi

Recteur honoraire de l'université de Lubumbashi

Directeur honoraire à l'Organisation internationale de la Francophonie

REMERCIEMENTS

Un ouvrage comme celui-ci, bien que collectif, est plus que la somme des chapitres rédigés par ses auteurs.

Conscients de cela, nous tenons tout d'abord à remercier le professeur émérite Clément Mwabila Malela pour avoir soutenu le projet de cet ouvrage depuis sa conception jusqu'à sa réalisation.

Nous tenons également à dire un grand merci au professeur Julien Kilanga qui, malgré ses nombreuses responsabilités, a promptement accepté de préfacer ce livre.

Nous sommes reconnaissants en la personne du professeur Dibwe Dia Mwembu pour ses remarques et commentaires avisés.

Enfin, nous exprimons notre reconnaissance à madame Christelle Tshomba Feza pour avoir conçu la maquette de la couverture et aux professeurs Kasongo Nkulu et Olivier Kahola et la secrétaire Banza wa Banza Thérèse pour avoir fourni beaucoup d'efforts pour la mise en page de cet ouvrage conformément aux recommandations de la maison d'édition Harmattan.

Les auteurs

0 INTRODUCTION GENERALE

Lorsqu'un Etat ne remplit plus correctement ses fonctions classiques notamment construire des infrastructures sociales de base telles que les écoles, les centres de santé, les routes, etc., les organisations de la société civile ont tendance à prendre le dessus pour combler le vide. Similairement, la faillite de l'économie du marché conduit généralement à l'apparition des activités économiques informelles.

Des spécialistes en sciences sociales reconnaissent qu'il n'y a pas de société sans un système d'ordre pour garantir la production et la distribution des services. Par là, ils veulent souligner que l'ordre et la régulation vont ensemble. En d'autres termes, le gouvernement a aussi mission d'inciter les activités économiques. Et par voie de conséquence, le progrès économique permet au gouvernement d'accomplir ses devoirs vis-à-vis de la population.

Bien qu'il y ait cette apparente unanimité autour du rôle que doit jouer le gouvernement dans le processus de la croissance économique et du développement, un gouvernement peut en réalité échouer pour n'avoir pas assez fait ou plutôt avoir trop fait.

Contrairement aux théories libérales pour lesquelles l'Etat et l'économie sont des facteurs clés de développement, les théories marxistes et de la dépendance considèrent l'Etat comme un instrument au service de la classe bourgeoise. Par conséquent, le rôle de l'Etat consisterait à maintenir le statu quo. Quand bien même certains épouseraient le point de vue marxiste et ou neomarxiste, la plupart de chercheurs reconnaissent le rôle positif qu'a joué l'Etat moderne (particulièrement en Europe de l'Ouest et en Asie). Celui-ci a été déterminant dans la coordination et l'accélération de la croissance économique pour le bénéfice de toutes les classes sociales. Pendant que ces spécialistes du développement soulignent le rôle positif joué par les Etats pour promouvoir la croissance économique et le développement en Europe et en Asie, en Afrique ce rôle semble être négatif.

En effet, à cause de la faillite du développement économique, l'instabilité politique, les divisions sociales, la violence, les crimes et les guerres civiles, la plupart de chercheurs considèrent les Etats africains modernes comme des Etats faibles, c'est-à-dire des Etats sans pouvoir politique et économique réel, bref des Etats en faillite. A cause de leur incapacité de fonctionner comme des machines pour la croissance économique et le développement, certains les qualifient des Etats «mous», d'autres d' «ombre» des Etats occidentaux pour avoir échoué d'être des copies.

Ceci nous conduit aux théories alternatives selon lesquelles l'émergence des organisations de la société civile telles que les organisations non-gouvernementales et celle de l'économie informelle sont principalement dues à la faillite et de l'Etat et de l'économie du marché. Les Etats africains, étant en général corrompus, incapables de satisfaire les besoins de base de leur population, font partie de problème et non de solution. Sont généralement considérées comme des organisations de la société civile, les organisations professionnelles, philanthropiques, religieuses, les coopératives, etc. Elles sont réputées être plus proches de la population et offrent des services que la plupart des gouvernements africains sont incapables d'offrir. Ces organisations construisent des écoles, des centres de santé et parfois entretiennent des routes de desserte agricole, etc.

Dans la perspective de l'approche alternative, le développement est un processus d'élargissement des choix de la population. En effet, un large éventail de choix est donc donné à la population et ces choix sont à la fois économiques, social, culturel et politique. Dans cette nouvelle vision du développement, la croissance économique cesse d'être l'objectif pour ne devenir qu'un simple moyen dont l'objectif est désormais le développement humain.

En république démocratique du Congo en général et au Katanga en particulier, le secteur informel s'est énormément développé parce que la capacité administrative de l'Etat a décliné et les structures de l'économie du marché se sont détériorées. L'érosion de l'autorité et de la capacité de l'Etat congolais a débuté au lendemain de l'accession du pays à la souveraineté internationale avec le déclenchement de la sécession au Katanga et au Kasaï. La chute du régime dictatorial de Mobutu n'a pas nécessairement abouti à la consolidation de l'Etat. Par contre, elle s'était fait accompagner par des guerres civiles. Le pays était divisé en trois parties. Le gouvernement central de Kinshasa contrôlait seulement la moitié du pays. Sur le plan économique, malgré les mesures d'ajustement structurel du Fonds monétaire international, la crise économique atteint son paroxysme dans les années 90 avec la chute de la géante société minière, la Générale des carrières et des mines (GCM). Comme conséquences, la majorité des adultes qui travaillaient perdirent leurs emplois, les activités informelles prirent le dessus sur le secteur formel.

C'est dans ce contexte politique, économique et social que les réflexions contenues dans ce livre nous donnent assez de lumière sur le Katanga méridional, les actions de développement entreprises, les acteurs en présence, mais aussi et surtout le dynamisme de la population locale dans sa quête d'améliorer ses conditions d'existence.

« Le développement du Katanga méridional », tel est le titre de l'ouvrage que six chercheurs de l'université de Lubumbashi listent à la communauté scientifique, aux âges du développement, aux décideurs politiques et à toute personne intéressée pour un débat constitutif.

Si leurs regards se croisent en ce qui concerne l'espace géographique appelé «Katanga méridional», le domaine de recherche, à savoir le développement, ils ne divergent pas moins en ce qui concerne l'angle d'analyse que chacun emprunte.

Dans le premier chapitre, Kunkunzya Mwana Chilongwe s'interroge sur le développement rural du Katanga, particulièrement du Katanga méridional. Il part du constat selon lequel l'Etat congolais a démissionné de toutes ses fonctions. A la place, ce sont les organisations de la société civile, en l'occurrence les organisations non gouvernementales, qui les remplissent, cependant, à leur manière. Entre autres problèmes qui se posent dans le monde rural katangais, l'auteur note l'impraticabilité des routes, l'insécurité liée à la présence des Bakata Katanga, les tracasseries policières. Par voie de conséquence, les villageois paraissent de plus en plus éloignés des villes (véritables centres de consommation des produits agricoles). Kunkunzya constate la recrudescence des activités des ONG dans cet espace géographique ; leurs interventions touchent presque tous les secteurs de la vie des paysans.

Cependant, malgré leurs efforts constants à soutenance, l'auteur conclut que le développement du Katanga méridional demeure un mirage.

Kitaba Kya Ghoanys, dans le second chapitre, se penche sur l'évaluation des actions des ONGD opérant dans la ceinture verte de la ville de Lubumbashi. Sa préoccupation consiste à explorer les actions de ces ONGD par rapport à l'amélioration du bien – être de la population bénéficiaire. L'auteur prend soin de fixer le lecteur sur le sens qu'il accorde aux termes «ceinture verte». Il s'agit au fait de l'espace vert qui entoure la ville de Lubumbashi.

Prenant ce site pour prétexte, Kitaba soutient l'hypothèse selon laquelle la plupart des ONGD qui appuient les initiatives de développement dépendent financièrement des partenaires occidentaux. A titre illustratif, l'auteur énumère un certain nombre de partenaires financiers étrangers, notamment Broederfk de la Belgique, Développement et paix du Canada et Misérable de l'Allemagne. Ils financent les actions des ONGD, telles que le Bureau diocésain de développement 'BDD, la Vision mondiale et le Service d'appui au développement régional intégral (SADRI).

Passant en revue les secteurs d'activités dans lesquels ces ONGD opèrent (agriculture, santé, éducation, eau, énergie et développement communautaire) tout en reconnaissant leurs réalisations (construction des écoles, centres de santé, creusage des puits, formation des associations agricoles, coopératives, etc.), Kitaba constate malheureusement que, malgré ce foisonnement d'initiatives, le bien-être de la population de la ceinture verte n'est pas pour autant amélioré.

Allant au-delà de la ceinture verte de Lubumbashi tout en demeurant dans le Katanga méridional, Kaimbi Mpyana estime que la population de cette aire géographique, se sentant socialement exclue, recourt à de multiples activités économiques de survie. Concrètement, le troisième chapitre porte sur quatre types d'activités. Dans le secteur primaire, l'auteur retient l'expérience des pêcheurs du lac Moero. Le second secteur est représenté par la petite industrie. L'expérience des femmes commerçantes du marché Mzee et celle des marchands ambulants représentent le troisième secteur, c'est-à-dire le secteur tertiaire.

Un échantillon de 252 unités a été constitué, comprenant 101 exploitants miniers, 91 pêcheurs commerçants, 30 commerçants ambulants et 30 femmes du marché Mzee.

L'auteur note que, bien que nombreuses et diversifiées, les activités économiques informelles, auxquelles s'adonne cette population du Katanga méridional, évoluent dans le mode de production capitaliste.

Parmi leurs caractéristiques communes, l'auteur retient particulièrement le non salariat, la dualité du processus d'échange et de polyvalence des produits à échanger et le primat du raisonnable sur le passionnel dans la pratique des activités de survie. Kaimbi estime qu'un tel type d'économie ne peut relever que du modèle économique de la contingence. Il va plus loin en décrivant les traits caractéristiques d'une telle économie, à savoir l'immédiateté (le présent prend le dessus sur le long terme), la débrouillardise basée sur le principe de la lutte pour la survie et la binéarité des actions des acteurs.

Par ailleurs, Kaimbi note que la résistance de l'action votée des survies dans le Katanga méridional est liée à leur diversité. En d'autres termes, la diversité est à la base du dynamisme des activités des survies. S'appuyant sur leur dynamisme, il élabore sept piliers afin de démontrer que les victimes de la crise économique à répétition, souvent accompagnée d'une forte croissance démographique dans un contexte de pauvreté galopante, s'intègrent dans le travail stable et rémunérateur.

Prenant un angle tout à fait différent, Nyumbaiza Tambwe explore, dans le quatrième chapitre, une activité économique informelle, à savoir l'agriculture urbaine pour voir sa contribution dans la lutte contre l'insécurité alimentaire dans la ville de Lubumbashi. L'auteur définit l'agriculture urbaine comme toute activité agricole relevant de la culture de plantes, de l'élevage, de l'horticulture, de l'aquaculture, etc. pratiquée sur les terres urbaines et/ou périurbaines pour produire à manger, générer des revenus et créer parfois de l'emploi.

Il souligne que cette activité n'est pas une spécificité africaine et encore moins congolaise. Elle est aussi vieille que la ville. Il signale, cependant, qu'en Afrique les études lui consacrées sont encore récentes (début des années 80).

Nyumbaiza identifie les facteurs de répulsion et ceux d'attraction qui ont contribué à l'émergence de l'agriculture urbaine. Il retient la crise économique des années 70, les mesures de réajustement structurel des années 80, la chute de la production de la Générale de Carrières et de mines (Gécamines) des années 90, ainsi que les guerres civiles à répétition à partir de 1996 parmi les facteurs de répulsion. Son attraction est expliquée par l'auteur lorsqu'il se base sur l'approvisionnement alimentaire, la création d'emploi et, bien sûr, aussi le revenu qu'elle génère pour les ménages agricoles.

Sur base d'un échantillon non probabiliste de 100 ménages, l'auteur découvre que 55% d'entre eux sont tenus par les femmes et le reste par les hommes. Leurs activités se concentrent beaucoup plus à la périphérie de la ville tout en occupant tout espace vacant (le long des routes, des chemins de fer ou des lignes électriques, etc.). Parmi les cultures pratiquées, celles de maïs et de légumes sont dominantes ; grâce à la rotation des cultures, la ville de Lubumbashi est devenue autosuffisante en légumes.

Abordant le secteur de l'éducation dans la ceinture verte de la ville de Lubumbashi, Kasongo Nkulu Kimbalama rappelle que l'éducation est un droit fondamental pour tout être humain et aussi un appui au développement. Dans ce cinquième chapitre, l'auteur démontre l'importance de la carte scolaire, particulièrement pour une commune comme la Commune Annexe qui est caractérisée par un élargissement de l'espace et une forte croissance démographique. Le rôle de la carte scolaire est d'établir l'équité des chances devant l'éducation en offrant presque les mêmes chances ou conditions d'accès à l'école.

Malheureusement, dans la commune Annexe, l'enseignement primaire et secondaire se caractérise, entre autres, par l'absence d'infrastructures adéquates, l'émergence des écoles privées, l'instauration des frais d'intervention ponctuelle et la dépravation scolaire. Et l'auteur note comme conséquences la persistance de l'analphabétisme, l'augmentation du nombre d'enfants de la rue, le banditisme, etc.

Dans pareille scolarisation, Kasongo recommande que des actions de développement soient entreprises non seulement par le gouvernement, mais aussi par les organisations de la société civile.

Parlant des enjeux sociaux dans le monde du travail féminin, Kayiba Bukasa Gertrude relève dans le sixième chapitre le fait que la femme en milieu de travail est considérée comme actrice sociale du développement dans les grandes entreprises de Lubumbashi.

L'auteur constate que la femme congolaise n'est pas marginalisée ; au contraire elle est considérée comme une partenaire active de l'homme pour le bien-être de la société.

Sa participation au monde du travail, jadis timide, a ouvert d'énormes percées positives dues au changement de l'image que la société se faisait d'elle, mais surtout l'on a remarqué que la femme elle-même s'est investie pour ne pas rester inactive et classée à l'arrière-plan.

La RDC est parmi les rares pays africains qui réunissent les conditions et les paramètres nécessaires pour permettre à la femme congolaise d'aller de l'avant. Certaines croyances teintées de discrimination sexuelle disparaissent dans la pratique de la vie au quotidien et par conséquent, certains freins au développement tombent du fait que tous concourent au bien-être collectif.

Comme cela transparait dans les six chapitres du livre, là où l'Etat défaille, les individus, les ménages et les organisations de la société civile prennent la relève.

On doit reconnaître cependant que, quel que soit le dynamisme des individus, le rôle de l'Etat demeure important. Il est donc temps que l'Etat congolais cesse d'être un obstacle à son propre développement pour devenir un catalyseur pour la croissance économique et le développement.

Alex NYUMBAIZA TAMBWE

1 CHAPITRE I: DES MIRAGES DU DEVELOPPEMENT RURAL AU KATANGA

KUNKUZYA MWANACHILONGWE

1.1 Introduction

La province du Katanga est une des onze provinces de la République Démocratique du Congo (RDC). Elle est une province potentiellement riche et propice aux actions agricoles. Certains experts en matière de développement la qualifient d'une province dont les richesses du sol et du sous-sol constituent un scandale à la fois agricole et géologique. «La gestion du secteur minier du Katanga présente une étude de cas intéressant sur les problèmes de gouvernance, car les enjeux sont extrêmement importants. C'est la province qui possède, de loin, le plus grand potentiel pour la croissance économique des ressources du pays» (Hund, K. et Verbruggen, D., 2006, p.55). En effet, le Katanga, notamment le district du Haut-Katanga, dispose d'immenses richesses aussi bien minières, agricoles, humaines que touristiques qui constituent un atout pour son développement socioéconomique à condition qu'elles soient gérées de manière économiquement et politiquement responsable et digne.

Cependant, le Katanga est un paradoxe sans précédent. Ce paradoxe est, entre autres, lié à l'abandon, l'écrasement, l'anéantissement du paysan par l'Etat postcolonial au lendemain des indépendances des années 60 en Afrique subsaharienne. En outre, la pauvreté rurale et/ou paysanne demeure criante, grandissante et croissante, si profonde et si persistante. «Le drame du Congo dont on ne cesse pourtant de vanter les «richesses» se résume dans ce constat désolant que l'immense majorité de la population y vit plus mal qu'au moment d'une indépendance acquise voici bientôt un demi-siècle» (Pourtier, R., 2007,p.23) en outre, quelques points saillants du point de vue socioéconomique sont mis en relief, à savoir : «Au cours des années 1990, le délabrement des infrastructures de communication a accéléré le processus «d'archipellisation» de l'espace national et de repli sur micro-territoire de survie des populations aspirées dans une spirale de sous-développement, de paupérisation et d'insécurité» (Pourtier, R, 2007, p.23). Sinon la RDC est une puissance régionale au cœur de l'Afrique. Sortie en sangle des crises en cascade, dont la guerre civile de 1997-2002 et plus récemment, celle de l'Est du pays, le mouvement du 23 Mars 2012, en abrégé M23, marquent le point d'orgue, elle est aujourd'hui engagée dans un difficile processus de reconstruction au seuil de ce XXIème siècle.

Ainsi, les problèmes ruraux et agricoles sur le développement du Katanga méridional, l'identification des agences de développement communautaire, les possibilités d'actions des agences de développement communautaire et la participation des initiateurs (bénéficiaires) et enfin, le financement des projets de développement communautaire, telles seront nos préoccupations majeures sur lesquelles il convient non seulement de méditer, mais aussi et surtout de réfléchir proprement et d'une façon approfondie, voire exhaustive.

1.2 Les problèmes ruraux et agricoles

ELA J.M. (1990 : p.185) pense que «une réflexion sur la production agricole et les techniques de sa mise en œuvre suggèrent des interrogations fondamentales telles que : Ne cherche-t-on pas à couvrir par le manteau du développement rural les desseins politiques et commerciaux qui visent l'intégration du monde rural au marché mondial ?». Quand on fait allusion au projet de développement communautaire dans les milieux ruraux, il y a lieu de s'interroger : « Pratique des projets de développement en cours est mise à l'épreuve dans les situations où l'on doit se demander comment susciter des formes d'organisation qui mettent en valeur le savoir-faire paysan. En d'autres termes, comment intervenir en milieu rural sans réduire la capacité propre des paysans noirs ? » (ELA J.M., 1990 : p.185) Et ELA conclut en ces termes, compte tenu de la complexité des problèmes ruraux et agricoles : « Il s'agit ici d'une aire problématique qui exige une approche globale et impose une orientation tant interdisciplinaire que pluridisciplinaire. N'est-ce pas une réponse à ces questions cruciales à travers lesquelles se jouent peut-être l'avenir de l'Afrique noire, s'avère aujourd'hui inévitable ? Si l'on veut se rendre compte des mirages du développement rural, il convient de méditer et de réfléchir proprement sur la réponse à donner à ces questions» (ELA, J.M. 1990 :p.186)

Si l'on permet aux paysans de se mettre en marche, cela aura comme avantage de prime abord de susciter des groupes d'hommes capables de sortir des impasses actuelles du développement rural en Afrique noire, notamment en République Démocratique du Congo en général, et du Katanga méridional en particulier. « Dans les régions menacées par les pénuries alimentaires, cela peut commencer par la prise en compte des problèmes fonciers qui conditionnent, l'intégration des jeunes en milieu rural, la santé des populations et l'éducation des enfants, l'équilibre de la famille elle-même et les problèmes de nutrition » souligne ELA J. M. (1994 : p.87).

Cependant, un tel projet suppose ou implique l'interrogation mutuelle des secteurs d'intervention puisqu'il ne sert à rien d'apprendre à mieux cultiver si l'on est dépourvu de terre ou si l'on n'est pas maître de ses produits, c'est-à-dire bénéficiaire du fruit de son travail, de son profit. Amener en outre les paysans à poser leurs problèmes essentiels et à y trouver des réponses, à décider des actions à entreprendre, est une activité capitale et même à encourager, la mise sur pied d'un véritable mouvement paysan disposant d'un certain nombre d'outils pour se libérer des contraintes multiples tant internes qu'externes qui bloquent la marche en avant, rendre au village le pouvoir que les professionnels du développement ont confisqué.

A cet égard, ELA J.M. (1990 : p.36) rappelle enfin ce qui suit : «Beaucoup de groupements ruraux sont morts de leurs propres contradictions. Le retour à l'esprit communautaire précolonial, considéré comme solution miracle peut nourrir des illusions dangereuses en masquant non seulement les inégalités et les conflits inhérents à toutes réalités sociales mais aussi les différentes formes de domination et de confiscation du pouvoir au profit d'une minorité privilégiée». La vie au village n'est pas toujours rose, elle est aussi faite de contradictions et de conflits. Nous pouvons même faire remarquer que les valeurs communautaires qui seraient caractéristiques des sociétés traditionnelles africaines relèvent de plus en plus de l'utopie si l'on prend en considération les tensions aiguës nées des mutations en cours dans les sociétés rurales. C'est pourquoi. ELA J.M. (1990 : p.84) rappelle : «La marche en avant des collectivités paysannes n'est pas automatique. Elle nécessite une recherche continue et une réflexion permanente sur le devenir des communautés locales dont les intérêts ne sont pas nécessairement ceux de l'environnement régional, national ou international. Une remise en cause des modèles de développement à l'occidental implique un affrontement avec les pouvoirs centralisés et les forces d'argent». L'Afrique noire face à ses défis (les catastrophes naturelles, les guerres fratricides, les injustices et les inégalités sociales, les immoralités, etc.) se trouve actuellement à la croisée des chemins dans sa recherche délibérée d'une voie, d'une issue susceptible d'amorcer, de générer un processus de développement intégral, propre, spécifique, authentique et pragmatique, voire dynamique.

Au Katanga, notamment dans le Haut-Katanga plus particulièrement, plusieurs de ceux qui faisaient leur commerce sur la route du village ont longtemps cessé parce qu'ils ne peuvent pas assurer le lucre: les routes sont devenues défectueuses, l'insécurité, les tracasseries policières, les denrées alimentaires de première nécessité importées sont plus concurrentielles sur le marché local, etc. C'est ainsi que le village se trouve donc aujourd'hui isolé et coupé des villes ; de surcroît, seules les Organisations sans but lucratif peuvent favoriser le développement du plus démuni et du plus meurtri et marginalisé, car la loi du profit exige que l'on gagne beaucoup après avoir investi peu; la loi de l'amour et du sacrifice veut que l'on donne à celui qui manque.

Multiples et variées stratégies de développement sont initiées pour intervenir soit dans les centres urbains ou grandes agglomérations industrielles du pays, soit dans les milieux ruraux en général et dans l'agglomération plus particulièrement. Cependant, dans le domaine de l'agriculture, une problématique se pose en ces termes : «Depuis les indépendances, les pays africains ont connu de nombreux projets de ce type sur un produit à vocation industrielle en règle générale (arachide, coton, café, cacao, canne à sucre, etc.). Ces projets visent à augmenter la production en faisant adopter par les producteurs des pratiques culturales intensives» (le groupe de travail coopération française 1989 : p.84).

Les résultats obtenus sont très divers dans la majorité des cas, ils sont décevants en termes quantitatifs et parfois lourds de conséquence pour les systèmes de production paysans (déséquilibres entre cultures vivrières et cultures commerciales par exemple) et pour les systèmes agraires (dégradation de la fertilité des sols due à des pratiques culturales inadaptées, marginalisation de l'élevage, déboisement anarchique, etc.).

En outre, des· réussites sont à noter cependant; elles sont liées généralement à deux facteurs principaux : L'existence d'un contexte économique sécurisé et incitatif (débouchés assurés, prix d'achat rémunérateurs pour les producteurs, etc.).

L'adaptation des messages techniques vulgarisés eu égard aux objectifs des producteurs et aux stratégies d'exploitation qui en découlent (il y a alors coïncidence entre les attentes des agriculteurs et les propositions techniques formulées par l'intervention).

Nelson BINDAYE (1998, p. 314), quant à lui, dans son article: «Des acteurs nouveaux dans le tiers-monde», s'interroge en ces termes, quand il fait allusion aux ONGD (Organisations Non Gouvernementales du Développement) : «face aux défis du Sahara, le décollage économique n'est toujours qu'un rêve. Estce dû aux dirigeants qui manqueraient de patriotisme et de vision pour le futur du continent? Ou l'incapacité de maîtriser les techniques de l'économie capitaliste? Ou aux valeurs traditionnelles africaines, qui freineraient le progrès? A cet égard, les avis et considérations sont souvent partagés et controversés.

Néanmoins, concernant les ONGD, de la place qu'elles occupent dans ce genre de débat et surtout de l'attitude des ONGD face à l'incapacité des dirigeants africains à faire prospérer le continent noir asphyxié par le sous-développement, la paupérisation de la masse paysanne, il faudrait, compte tenu de la diversité des ONG, recourir à leurs approches et à leurs stratégies pour des raisons de clarification.

En effet, par définition, les Organisations Non Gouvernementales (ONG) sont des «associations de personnes ou de groupes de personnes qui travaillent dans un esprit de solidarité humaine à la promotion du développement et à l'épanouissement humain des populations les plus défavorisées dans tous les pays du monde et en particulier dans le tiers-monde. Les ONG ne cherchent pas de bénéfice, c'est pourquoi on dit qu'elles sont sans but lucratif» (Bindaye, N. :1998, p.314).

Certes, une ONGD est une création privée. Mais elle n'entend pas faire du profit, surtout pour elle-même ou pour certains individus au détriment des groupes ou des communautés. Les fonds dont elles disposent proviennent de sources variées:

ONGD du Nord, dons de personnes physiques et morales, pouvoirs publics. Ces ressources sont généralement attribuées en fonction d'un objectif: des activités socio-économiques destinées à des populations cibles, connues d'avance et sur lesquelles il faut rendre des comptes. Alors que le propriétaire d'une entreprise privée, lui n'a de comptes à rendre à personne; il insiste quand et/ où il veut. Son but premier est de s'enrichir, le cas échéant, au détriment des autres. Par essence, le monde des affaires et celui des ONGD sont différents, même si tous deux sont d'origine privée.

1.3 Identification des agences de développement communautaire

Depuis quelques années, nous assistons à une floraison des ONG dans la province du Katanga à l'instar d'autres provinces de la RD/Congo. Cet essor mérite une attention particulière de la part de celui que les activités des ONG intéressent, qu'il soit donateur, bénéficiaire, chercheur ou coordinateur de l'action publique. Ceci fait ressortir, pour nous, la nécessité d'identifier les différentes sortes et le style de fonctionnement des ONG en milieux ruraux du Katanga en particulier et de la RD/Congo en général, car notre avenir en dépend largement.

Néanmoins, rappelons avec B. Schneider (cité par Nelson Bindaye, op.cit., p.24) qu'à l'origine des ONG peuvent être:

«Un homme seul qui 'devient une situation dramatique de son milieu, en appelle à la conscience de tous; les rencontres hasardeuses;

Un groupe d'individus ayant une conscience commune de leur sort ; une paroisse ou une communauté chrétienne;

Et enfin, une ONG déjà existante au Nord, une institution de recherche ou simplement des gouvernements qui veulent inciter la masse populaire à un effort de promotion ou encore un intellectuel ou un groupe d'intellectuels organiques regroupés ou non au sein d'une ONG locale ou nationale qui, soucieuse de la misère des paysans, les aide à surmonter certains de leurs problèmes réels en les conscientisant, en les mobilisant et en les responsabilisant».

Si nous considérons un certain nombre d'auteurs, spécialistes en développement notamment Nyabingou (cité par Nelson Bindaye, op.cit., p.24), il nous sied de regrouper les ONG en trois catégories, à savoir :

a) Selon le genre d'activités, il distingue:

- les ONG sectorielles ne s'occupant que d'un seul aspect de la vie paysanne;
- les ONG intégrées, celles qui prennent en compte tous les aspects du développement dans leur globalité;
- les ONG intégrales mettant l'homme au centre de leurs activités et exploitant toutes ses dimensions.

b) Selon l'appartenance ou non à une religion:

- ✓ les ONG confessionnelles;
- ✓ les ONG laïques;
- ✓ les ONG mixtes.

c) Selon le groupe cible, il dégage:

- les initiatives locales de développement (I.L.D.);
- les ONG d'appui aux initiatives locales.

Quand nous considérons les occupations de l'espace, les origines des ONG et les objectifs qu'elles poursuivent, Babunga wa Yabili (cité par Nelson Bindaye, op.cit., p.23), distingue trois types suivants d'ONG :

- «ONG confessionnelles;
- ONG locales, nationales, des ONG internationales ou étrangères;
- ONG du bien-être social, différentes de celles dites de développement ;
- Les ONG revendicatives».

Selon le système d'intervention d'ONG, nous en distinguons trois sortes selon les investigations menées dans notre environnement socio-politico-économiques notamment :

- Les ONG de base: elles sont appelées aussi initiatives locales de développement; elles sont des organisations de la population afin de surmonter les obstacles se posant à sa promotion. C'est le groupe cible, la source d'informations et fondement pour toute action de développement. Il peut s'agir aussi dans cette catégorie des coopérations à l'état embryonnaire de leur organisation. Bref, elles sont constituées des bénéficiaires des services et de l'appui.

- Les ONG d'appui : ce sont celles qui apportent tout appui, conseil et organisation aux initiatives locales de développement (I.L.D en sigle) et/ou aux comités de développement ou aux organisations de base. Elles interviennent aussi auprès des bailleurs de fonds pour le financement d'un projet de types nouveaux et, partant, facilitent certaines autres relations, à savoir:

- permettre les échanges Sud-Sud entre les groupements paysans en vue d'échanges d'expériences;

- organiser des séminaires, des ateliers de formation, d'animation, de vulgarisation agricole et de la technologie appropriée, et des responsables des organisations de base.

- Les ONG de financement: Dans cette catégorie nous pouvons inscrire toutes les Organisations Non Gouvernementales de Développement qui interviennent à la base en y apportant une assistance matérielle pour le financement d'un projet donné. Dans la plupart des cas, ce sont des ONG du Nord (Allemagne, Suisse, Belgique, Italie, etc.).

Eu égard à ce qui précède, il sera question de présenter la situation des ONG du Katanga généralement et du District du Haut-Katanga plus particulièrement, suivant différentes caractéristiques. Celles-ci sont tirées de la nomenclature générale et sont ainsi reparties en différentes sections telles que définies dans le canevas arrêté de commun accord avec les partenaires de ce programme, dont l'UNICEF (INS/UNICEF). Les dites sections sont: les caractéristiques générales définissant l'identité des ONG, la localisation géographique qui en donne la configuration spatiale, les domaines d'intervention auxquels se rapportent leurs activités, les rayons d'action reflétant leur envergure respective et enfin, le genre qui situe la place et le rôle de la femme dans ce domaine d'activités.

1.3.1 Nomenclature générale des ONG du Katanga

Les éléments en question sont repartis en trois groupes portant respectivement sur l'identification, sur la classification et sur la simplification.

1.1. Pour ce qui est de l'identification, nous avons les éléments ci-après que l'on peut autrement qualifier de signalétiques : la raison sociale, l'objet social; la localisation déterminée par le siège social et l'antenne d'implantation; les caractéristiques générales comprenant la date de création, la référence de l'acte d'autorisation, la nature juridique, le collectif d'affiliation et la confession d'appartenance; le rayon d'action; les domaines d'intervention; la concentration géographique globale et celle par domaine d'intervention; les partenaires; la représentation féminine ou genre.

1.2. La classification des ONG consiste, elle, en différentes situations produites respectivement par nature juridique, par collectif d'affiliation et la confession d'appartenance par domaine d'intervention, par réseau thématique, par objet social, etc.

1.3. La simplification est un travail de regroupement des ONG présentant des similitudes sur l'ensemble de leurs éléments caractéristiques essentiels, notamment l'objet social, la nature juridique, le collectif d'affiliation, la confession d'appartenance, les domaines d'intervention, voire même les sites d'implantation.

A. Caractéristiques générales

Celles-ci permettent de circonscrire l'identité complète de chaque ONG. Elle comporte successivement comme rubriques : la date de création, l'autorisation de fonctionnement, la nature juridique, l'appartenance confessionnelle et les collectifs d'affiliation.

La date de création

L'autorisation de fonctionnement.

La plupart des ONG n'ont pas renseigné la référence de l'acte à délibérer par une autorité compétente, en l'occurrence le Ministre du Plan pour le moment, et qui les autorise à fonctionner sur l'étendue du territoire national. Les 258 ONG concernées, soit 92% sont à considérer comme non en règle de fonctionnement. Quoi qu'il en soit, bon nombre d'entre elles ne sont pas en règle de paiement des 50$ US exigés par le Ministère du Plan pour l'autorisation de fonctionnement.

1.3.2 La nature juridique

Les ONG du Katanga se répartissent en cinq groupes respectivement identifiés juridiquement sous les appellations suivantes: Association, Coopérative, Comité de Développement, Comité de santé et syndical. Ces appellations sont tirées des concepts résultant des textes juridiques qui réglementent la création et le fonctionnement des Associations Sans But Lucratif (ASBL) en république démocratique du Congo.

Comme l'indique le tableau ci-dessous, la plupart des ONG sont des Associations. Celles-ci, au nombre de 232, représentent 83% de l'ensemble. Les autres groupent se situent bien chacun en deçà de 10% et représentent respectivement 7% pour les Comités de Développement, 3% pour les Coopératives, 1% pour les Syndicats et 0,3% pour les Comités de santé.

Tableau n°1 : Répartition des Ong par nature juridique et entité administrative (siège)

NATURE JURIDIQUE	ENTITES ADMINISTRATIVES								
	Haut-katanga	Haut-lomami	Kinshasa	Kolwezi	Likasi	Lualaba	Lubumbashi	Tanganika	Total
Non déterminée	1	0	1	2	0	0	11	0	15
Coopérative	0	0	0	0	4	0	4	0	8
Syndicat	0	0	0	0	1	0	2	0	3
Association	18	8	5	20	39	1	135	6	232
Comité de dév.	1	0	1	0	4	0	14	0	20
Comité de santé	0	0	0	0	0	0	1	0	1
Total	20	8	7	22	48	1	167	6	279

Source: INS/Katanga (2003).

En terme précisément du nombre d'entités dans lesquelles le groupe est représenté, sur les huit Districts et grands centres, on a par ordre décroissant : Association (8 entités), Coopérative (2 entités), Syndicat (2 entités) et Comité de santé (1 entité).

1.4 L'appartenance confessionnelle

Les ONG du Katanga sont en majorité des associations laïques dont la proportion est de 57%. On retrouve, en effet, 158 ONG dans cette catégorie.

Tableau n°2 : Répartition des Ong par appartenance confessionnelle et l'entité administrative (siège)

Appartenance confessionnelle	ENTITES ADMINISTRATIVES DU SIEGE								
	Haut-Katanga	Haut-Lomami	Kinshasa	Kolwezi	Likasi	Lualaba	Lubumbashi	Tanganika	Total
Catholique	1	0	1	2	0	0	11	0	15
Protestante	0	0	0	0	4	0	4	0	8
Musulmane	0	0	0	0	1	0	2	0	3
Laïque	18	8	5	20	39	1	135	6	232
Kimbanguiste	1	0	1	0	4	0	14	0	20
Autres	0	0	0	0	0	0	1	0	1
Total	20	8	7	22	48	1	167	6	279

63 ONG, soit 23%, n'ont pas d'appartenance spécifique. On retrouve celle-ci à Lubumbashi (46), à Likasi (8), dans le Haut-Katanga (4) et à Kolwezi (3).

Suivant la représentativité territoriale, les différentes appartenances confessionnelles se classent dans l'ordre ci-après, en nombre d'entités marquées de leur existence sur l'ensemble des huit districts et grands centres: laïques (7 entités), Catholiques (7 entités), Protestantes (6 entités), Kimbanguistes (2 entités), Musulmanes (1 entité).

1.4.1 Les collectifs d'affiliation du milieu

Un collectif d'affiliation constitue un cadre créé à l'initiative des ONG, qui en sont d'office membres, et autour duquel celles-ci se concertent dans le but d'améliorer leurs stratégies, en vue d'un plus grand impact sur la population cible; d'assurer la coordination de leurs activités ou encore pour la défense de leurs intérêts respectifs. Les collectifs sont, à bien d'égards, encouragés et soutenus par des partenaires nationaux et internationaux.

Parmi les plus représentatifs, nous pouvons citer le Conseil National des ONG de Développement (CRONGD), la Fédération des ONG Laïques à vocation Economique du Congo (FOLECO), la Confédération Nationale des ONG du Congo (CONACO) et l'Union Nationale des Femmes (UNAF).

On note que le premier a été créé en 1990 avec l'appui du Ministère du Plan, de l'OXFAM et du PNUD à la suite d'une mission de la Banque Mondiale; le deuxième a bénéficié du soutien de la Fondation Fredrich Newman.

Certains collectifs, comme CRONGD, sont organisés en Conseils Régionaux qui sont des structures provinciales. D'autres, dont certains des membres sont toutefois affiliés au précédent, sont des regroupements des collectifs sectoriels appelés Réseaux thématiques qui sont des organisations comprenant des ONG de même objet social.

Tableau N°3 : Répartition des Ong par collectif d'affiliation et entité

Collectif d'affiliation	ENTITES								
	Haut-Katanga	haut-Lomami	Kinshasa	Kolwezi	Likasi	Lualaba	Lubumbashi	Tanganyika	Total
CRONG	9	4	1	8	13	1	33	6	75
FOLECO	1	0	0	0	6	0	28	0	35
Aucun	8	4	3	3	14	0	55	0	87
Autres	2	0	3	11	15	0	51	0	82
TOTAL	**20**	**8**	**7**	**22**	**48**	**1**	**167**	**6**	**279**

Source: INS/Katanga (2003)

Au regard du tableau, le plus grand nombre des ONG du Katanga est précisément constitué de celles dites indépendantes, au nombre de 87, soit (31,2%). Cette tendance s'observe particulièrement à Lubumbashi (55).

On trouve en deuxième position les ONG qui appartiennent à divers collectifs autres que CRONGD et FOLECO qui sont les plus grands du pays. Cette deuxième catégorie comprend 82 ONG, soit 29,4%. Elle est absente au Lualaba, au Haut-Katanga et au Tanganika, mais occupe la première position à Likasi (15), à Kolwezi (11) et à Kinshasa (3).

CRONGD, représenté dans tous les SIX Districts et à Kinshasa, vient, comparativement aux autres, en troisième position avec 75 ONG (26,9%); il constitue le seul collectif existant au Lualaba (1) et au Tanganika (6), et étant en tête au Haut-Lomami (4) et au Haut-Katanga (9).

Enfin, FOLECO, qui n'est présent qu'à Lubumbashi (28), à Likasi (6) et au Haut-Katanga (1), compte ainsi 35 ONG (12,5%).

On vérifie aisément qu'en termes de nombre d'ONG affiliées à un collectif, CRONGD a une plus grande représentation (26,9%).

Sur le plan spatial, sur les huit entités, on a : CRONGD (8 entités), les indépendantes (6 entités), Autres collectifs (5 entités) et FOLECO (3 entités).

B. Implantation géographique des ONG

Chaque ONG dispose d'un siège social qui est le lieu défini et reconnu comme étant le centre d'impulsion à partir duquel elle lance et assure la coordination de ses activités.

Le siège social d'une ONG est défini de manière univoque et constitue pour cela un repère pour son identification et sa localisation.

1. REPARTITION DES ONG SUIVANT LE SIEGE SOCIAL

Les ONG œuvrant au Katanga ne sont pas seulement basées dans la Province. Néanmoins, en dehors de 7 d'entre elles (2,5%) qui sont kinoises, car ayant leur siège social à Kinshasa, aucune autre province du Congo ne dispose d'ONG qui soient représentées au Katanga.

Les trois situations ci-dessous montrent successivement la répartition par District, par Territoire et par grand centre de 272 ONG restantes (97,5%) qui ont leur siège social au Katanga, qualifiées de Katangaises.

1.4.2 Répartition par District

Les ONG sont basées dans tous les six Districts de la Province du Katanga, mais de manière non uniforme.

Dans le District du Lualaba, il n'existe qu'un seul siège social d'ONG. Les cinq autres Districts présentent la situation suivante par ordre croissant: Tanganyika (6), Haut-Lomami (8), Kolwezi (22), le Haut-Katanga (68), dont 48 dans la ville de Likasi et 20 en milieu rural, Lubumbashi (167). Ce qui représente respectivement 2,5%, 2,87%, 7,89%, 24,37%, 59,86% de l'ensemble de toutes les 279 ONG. On s'aperçoit bien que la ville de Lubumbashi se taille la part du lion, au contraire de Lualaba.

Tableau N°4 : Répartition des Ong par collectif d'affiliation et entité

1.4.3 Répartition par territoire

Territoire	Fréquence	%
Bukama	4	23,5
Dilolo	1	5,9
Kambove	3	17,6
Kongolo	1	5,9
Malemba	1	5,9
Manono	2	11,8
Pweto	1	5,91
Mitwaba	1	5,9
Sakania	3	17,6
Total	17	100,0

Source: INS/Katanga (2003)

Parmi ces territoires, il y en a six au sein desquels sont implantées plus de 3 ONG. Il s'agit de Kipushi (11), Kamina (4), Bukama (4), Kambove (3) et Sakania (3). Les territoires suivants en ont moins de 3 : Dilolo (2), Manono (2), Kongolo (1), Malemba Nkulu (1), Pweto (1) et Mitwaba (1). Les dix territoires qui n'en disposeraient pas sont: Nyunzu, Moba et Kabalo dans le District du Tanganika; Kabongo et Kaniama dans le District du Haut-Lomami; Kapanga et sandoa dans le District du Lualaba ; Lubudi et Mutshatsha dans le District de Kolwezi; Kasenga dans le district du Haut-Katanga.

1.4.4 Répartition par Centre Urbain

La plupart des ONG ont leur siège social dans les trois villes et, dans une certaine mesure, dans les centres urbains que sont les chefs-lieux des territoires. Il n'est invraisemblable que ceci soit le fait de la plus grande concentration, en ces lieux, aussi bien de la population que des activités s'y exerçant, ces dernières y étant, de surcroît, diversifiées. A cela pourraient aussi s'ajouter la facilité de contacts ou de coordination des ONG dans les grands centres urbains et le manque de moyens de communication dans les milieux ruraux.

Tableau N°5 : Répartition des Ong par ville ou grands centres (*INS/Katanga 2003)*

Villes ou Grands Centres	Fréquence	%
Kalemie	3	1,1
Kamina	4	1, 5
Kinshasa	7	2,7
Kipushi	11	4,2
Kolwezi	22	8,4
Likasi	48	18,4
Lubumbashi	167	64,0
Total	**261**	**100,0**

Sur les 272 ONG dites katangaises, 261 ont leur siège social principalement dans les villes, aussi dans de grands centres. Le présent recensement donne la situation ci-après: Kalemie (3), Kamina (4), Kipushi (11), Kolwezi (22), Likasi (48) et Lubumbashi (167).

En dehors, donc de Kalemie, de Kamina et de Kipushi, on voit que pour les neuf autres territoires, sur les douze disposant d'un siège social (point 1.1.1.2.1.2), celui-ci se trouve en dehors du chef-lieu. Mais il n'est pas invraisemblable que des précisions encore à obtenir sur ce point attestent aussi son implantation réelle dans les chefs-lieux desdits territoires.

1.4.5 Répartition des ONG suivant l'antenne de représentation

Comme pour le siège social, les antennes d'ONG katangaises se trouvent disséminées partout à travers la Province du Katanga, également à Kinshasa, au Bas-Congo, dans les deux Kasaï, au Nord-Kivu, au Sud-Kivu et au Maniema.

Nous allons par la suite en donner la répartition, d'une part, par province autre que le Katanga et, d'autre part, par District et par centre urbain du Katanga.

1.4.6 Répartition par District et grand centre

Le tableau donne la répartition par District et par grand Centre des antennes des 204 ONG seulement. Et encore, il s'agit de seules antennes pour lesquelles ces ONG ont signalé les actions dans lesdites entités. On dénombre pour tous ces cas, 341 antennes, dont 330 dans les différents Districts et Villes du Katanga. Les 11 autres sont celles signalées dans les autres Provinces au point précédent.

Les 330 antennes sont ainsi réparties: Lubumbashi (129), Likasi (60), Kipushi (38), Haut-Katanga (32), Kolwezi (31), Haut-Lomami (26), Lualaba (8), Tanganika (6).

1.4.7 Concentration géographique des ONG

Si l'indice de concentration, tel que défini ci-dessus, peut être considéré comme le minimum acceptable en ce qui concerne l'encadrement à espérer des ONG et encore, par domaine d'intervention, il faudrait compter pour le Katanga au moins 2 ONG de chaque domaine par territoire, ce qui donne dans ce même contexte une concentration idéale au moins égale à 2.

En identifiant les ONG uniquement par leur siège social, tous les domaines étant néanmoins confondus, le tableau ci-après montre qu'en dehors de Kipushi, qui a la plus grande concentration (5,31), de Sakania (1,80), de Kambove (1,65) et de Kamina (1,19), les autres territoires sont en deçà de 1. Dans les villes, la concentration est plus élevée à Lubumbashi (15) et à Likasi (11,39), tandis qu'elle est relativement faible à Kolwezi (2,68).

L'analyse de la concentration, non pas en termes de siège social, mais en termes d'antennes de représentation, dont la situation donne la topographie exacte de toutes les ONG œuvrant en chaque lieu, devrait paraître plus édifiante.

1.4.8 Rayon d'action ONG

Comme nous l'avons déjà dit plus haut, les activités d'une ONG peuvent s'exercer dans des entités autres que celle qui abrite son siège social. L'étendue géographique couverte par une ONG peut être d'envergure nationale, provinciale, sous-provinciale ou locale.

1.4.9 Domaines d'intervention et stratégies

Vingt-deux domaines d'intervention ont été inventoriés en ce qui concerne les ONG du Congo en général. Au Katanga, il n'existe pas, parmi les ONG recensées, celles œuvrant dans les domaines des «Routes» et des «Etudes et recherches».

Les vingt autres domaines ayant des ONG au Katanga sont les suivants:

Agriculture
Elevage
Environnement
Développement Communautaire
Santé
Education
Eau et Assainissement
Nutrition
Promotion de la Femme
Promotion de la jeunesse
Habitat
Transport et Communication
Pêche
Alphabétisation
Assistance Sociale
Droits de l'Homme
Epargne et Crédit
Information et Publication
Droits de l'Enfant
Education Civique.

L'activité d'une ONG peut couvrir un ou plusieurs domaines, pourvu que ceux-ci cadrent avec son objet social. Et dans chacun de ses domaines d'intervention, l'ONG peut également développer une ou plusieurs stratégies qui se concrétisent par des actions menées sur terrain.

Tableau N°6 : Nombre des Ong par domaine

NOMBRE DES ONG PAR DOMAINE							
	HAUT-KATANGA	HAUT-LOMAMI	KINSHASA	KOLWEZI	LIKASI	LUBUMBASHI	TOTAL
Agriculture - Elevage et pêche	9	3	3	14	22	92	143
Alphabétisation et Education	2	4	4	5	14	58	87
Assistance sociale	2		1	1	4	21	29
Droit de l'Enfant				1	8	5	14
Droit de l'Homme					2	7	9
Eau et Assainissement'	1		1			7	9
Développement Communautaire et Environnement	2	3		3	4	29	41
Promotion de la femme et de la jeunesse				1	8	11	20
Santé et Nutrition	1	2	1	5	8	27	44

Source : INS/Katanga (2003)

Le tableau donne la répartition des actions menées par les ONG du Katanga au courant de l'année 2004. L'allure globale montre que l'Agriculture est le secteur prioritaire (31,7%). Les autres secteurs plus ou moins privilégiés et ainsi considérés aussi comme domaines de prédilection sont: l'Education (11,7%), l'Elevage (10,4%), la santé (7,9%), le développement Communautaire (6,4%), l'Assistance Sociale (5,7%).

1.4.10 Genre

En tenant compte de la participation du genre aux activités des ONG, celles-ci peuvent revêtir différents caractères en fonction du sexe des bénéficiaires de leur action, ce qui nous donne à distinguer parmi elles celles à vocation féminine, celles à vocation masculine et celles qui sont mixtes.

Par dirigeant d'ONG, nous attendons dans cette analyse la personne qui en assume la présidence; tandis que par responsable d'ONG, nous désignons toute personne qui est membre de son Comité.

1.5 Possibilités d'actions des agences de développement communautaire

Si les ONG avaient été d'abord caritatives parce qu'elles assistaient ceux qui avaient besoin d'aides matérielle et morale. Plus tard, elles avaient pris une coloration de développement. Ce dernier volet de leur action est récent et s'inscrit dans la prise de conscience des pays développés du Nord de la misère du tiers-monde. Cette prise de conscience, matérialisée par l'appel du pape Jean XXIII qui proclame que la paix a pour nouveau nom le développement, va donner naissance aux ONG de développement distinctes des ONG caritatives.

Comme il a été signalé précédemment, le champ d'activités des ONG de développement couvre des domaines aussi variés que la lutte contre la faim, la maladie, l'ignorance et les initiatives locales de développement économique et social. «Pour elles, il s'agit moins de distribuer des vivres, des médicaments ... que de former ou d'aider les populations à se prendre en charge »(Le Groupe de travail coopération française, op.cit., p.185).

Par ailleurs, ·la dégradation des relations bilatérales entre certains gouvernements du Sud et ceux du Nord, en l'occurrence celles existant entre notre pays et les pays dits développés, a certes davantage renforcé le dialogue entre les deux sortes d'ONGD.

Cependant, non seulement les ONGD du Nord imposent à la base par le truchement des ONG d'appui un système comptable bien déterminé, un secteur d'intervention, mais aussi les critères fondamentaux qui dictent leur comportement.

C'est le cas des critères adoptés par les ONG européennes membres des coordinations francophones que nous retrouvons dans le texte intitulé: «les dix commandements des ONG du Congo» (Le Groupe de travail coopération française, op.cit., p.186).

Quant à la réflexion de la banque Mondiale sur les échecs des projets de développement (idem), il est écrit ceci : la Banque Mondiale a accordé une grande importance à l'appui à apporter à la productivité de la paysannerie (petits producteurs).

D'après le bilan effectué par la Banque Mondiale sur les prêts en matière de «développement rural»(Le Groupe de travail coopération française, op.cit., p.181) entre 1974 et 1986, ce type de prêts représente 58% des prêts consacrés à l'agriculture en Afrique, au Sud du Sahara et parmi eux 62% sont classés comme prêts pour le développement régional. Il faut noter que les prêts au «développement rural» sont, en Afrique, au Sud du Sahara où la moitié des projets de ce type qui ont été post-évolués sont considérés comme des échecs.

Parmi les raisons des échecs de prêts de développement régional (spécialement des projets intégrés), il est mentionné la poursuite d'objectifs trop ambitieux et trop complexes fixés de façon rigide, les contraintes institutionnelles et l'environnement macro-économique déficient.

Dans le cadre de nos investigations dans le District du Haut-Katanga, il a été retenu l'ONG Vision Mondiale compte tenu de l'ampleur et du pragmatisme de ses actions de développement amorcées dans la province du Katanga en particulier et en RD/Congo en général dont le siège de l'organisation se trouvait à Lubumbashi jusqu'en 2010.

The World Vision International RD/Congo a amorcé ses interventions au Nord et à l'Est de la province du Katanga, menacés par la famine cinq ans plus tard en 1988, cette organisation précitée prenait une nouvelle approche, celle du développement communautaire dont 16 projets de parrainage sont rapidement initiés, tous les enfants dans ces projets sont parrainés par des donateurs canadiens francophones. L'accent est mis sur les points suivants :

- le développement communautaire basé sur le système de parrainage est centré sur l'approvisionnement en eau potable, l'amélioration des soins de santé, la production agricole et le renforcement de l'évangélisation.
- le financement spécial des projets en rapport avec :
- le développement de la femme, mettant l'accent sur les domaines de l'économie domestique, l'alphabétisation fonctionnelle, les activités génératrices de revenus, l'évangélisation et le jardinage.

L'évangélisation et le leadership basé sur la formation des dirigeants chrétiens en matière de développement, d'évangélisation et l'assistance aux Eglises à gagner les âmes au Christ.

Pendant l'année 2001, par exemple, le Bureau National de World Vision Congo avait fonctionné jadis avec quatre départements, à savoir:

- la Direction Nationale qui' avait pour mission de coordonner les activités des autres départements;
- le département des Opérations qui s'occupait de l'encadrement, de la gestion, du suivi et de l'évaluation des projets;
- le département des finances qui avait pour objectifs la gestion, le SUIVI et l'évaluation des projets;
- le département des Ressources Humaines qui s'occupait de la Planification, du recrutement et de la gestion des ressources humaines;
- le département de l'Administration qui assure un support logistique, la sécurité, la relation publique, et la gestion du patrimoine de l'organisation;
- le département des Opérations subsidiairement s'occupait de l'encadrement de la population dans l'initiation, la gestion et l'évaluation des projets.

Durant l'année fiscale 1993, World Vision zaïre a apporté son assistance technique et financière à 58 projets de développement communautaire, à trois projets d'aide d'urgence. Ce dit département avait réparti les 58 projets de développement communautaire sur deux parties de la province du Shaba:

- la partie centrale et orientale ;

et la partie Nord-Katanga et l'axe Likasi.

En résumé, les objectifs poursuivis par ces projets étaient :

1. L'amélioration de l'infrastructure éducationnelle des enfants en milieux tant urbains que ruraux ;

L'amélioration de l'infrastructure sanitaire;

L'approvisionnement en eau potable;

L'assistance aux enfants dans leurs besoins essentiels;

La formation des leaders des Eglises, des moniteurs d'école du dimanche et des évangélistes;

Le développement de la femme;

L'amélioration des techniques agricoles ;

Le secours d'urgence.

Concernant le District du Haut-Katanga, World Vision Katanga avait 6 projets sur les 29 projets dans la région centrale et orientale.

1.5.1 Projet Secteurs Agences/Eglises partenaires

Mumbalanga	Education	38ème CPCE.
Kabulembe	Education/Eau potable	Idem
Luanza	Education/Foyer/Eau potable	Idem
Kasolo	Education/Santé	30ème CPZ
Kasomeno	Education/Assistance aux Personnes marginalisées	Idem
Kasenga	Education/Santé	Idem
Lumata	Educa-tion/Santé/Agriculture	Idem

1.5.2 Nord-Katanga Axe Likasi : 29 projets, dont 5 pour le Haut-Katanga

Projets	**Secteur**	**Agences/Eglises partenaires**
Bunkeya	Educaiton/Eau potable	30ème CPC
Lwambo	Santé/Eau potable	Méthodiste
	Education/Agriculture	
Kamakanga	Education/Eau potable	CNCA
Katanga	Educaiton/Santé	Méthodiste
Kyembe	Education	Idem

Objectifs de World Vision Congo (WVI Congo)

World Vision International RD/Congo est une Organisation Non Gouvernementale chrétienne sans but lucratif et humanitaire dont l'objectif principal est de suivre Jésus-Christ notre Seigneur et sauveur en travaillant en collaboration, d'une part, avec les donateurs, et, d'autre part, avec les pauvres et les opprimés dans un ministère intégré qui favorise la justice, la transformation mutuelle et le témoignage de la bonne nouvelle du royaume de Dieu. Nous poursuivons cette mission, dit-elle, à travers:

- Le développement visant la transformation communautaire avec une attention spéciale pour les enfants et les femmes;
- L'aide d'urgence aux personnes victimes des guerres ou des désastres naturels;
- Le témoignage de Jésus-Christ par une manière de vivre, d'agir et de parler qui permette aux hommes d'accepter l'évangile;
- Les initiatives stratégiques qui permettent à l'Eglise d'accomplir sa mission et renforcer son leadership en vue de favoriser le changement des structures injustes qui affectent le pauvre et l'opprimé;
- La conscientisation du public qui lui facilite une bonne appréhension de la situation du pauvre et suscite en lui sa participation en faveur des pauvres.

1.6 Participation des initiateurs (bénéficiaires)

Les initiateurs/bénéficiaires doivent être les entités directement responsables des infrastructures ou des services à réhabiliter par les projets communautaires dans une certaine mesure, ils sont les «maîtres d'ouvrage» de ces infrastructures. Les initiateurs/bénéficiaires peuvent être des associations ou des localités ou des villages pour désigner des groupes spécifiques de la population (communauté de base).

Deux points importants sont à relever au sein de la communauté de base : quelques difficultés des paysans et les signes d'espoir.

Difficultés des paysans: la plupart du temps, il est observé chez les paysans:

- Peur de s'engager et de réussir à cause de la jalousie, de la sorcellerie.
- Apprendre à gérer une coopérative ou un groupement avec compétence et honnêteté, ce qui est possible même pour des illettrés; il suffit que le secrétaire sache lire et écrire.
- Trop grande facilité à recevoir de l'argent ; une fois que le mouvement est lancé, on passe alors de l'autopromotion (48) à l'hétéro-promotion qui est plus une promotion.
- Récupération de l'autopromotion par un grand projet qui considère les paysans comme les exécutants.

L'Etat s'assure le monopole de développement rural par le biais des projets officiels; ainsi, face à l'Etat les paysans n'ont pas d'interlocuteurs valables.

Les appareils d'Etat directifs étouffent les initiatives paysannes. Les paysans risquent d'être cantonnés dans les secteurs marginaux au sein des opérations de développement.

L'essor des initiatives autonomes est ressenti comme une menace pour les intérêts de l'Etat.

La société de développement fixe les objectifs aux groupements, aux associations de producteurs. Ces derniers reposent sur cette structure qui renforce un certain type de rapport entre l'Etat et les paysans où ceux -ci sont des exécutants.

L'Etat et les développeurs imposent les structures et les organisations dites de développement ne sont guère le produit des initiatives paysannes, mais des instruments de l'Etat. D'où l'étouffement des dynamismes internes des sociétés rurales par les développeurs en RD/Congo, notamment au Katanga dans le District de Haut-Katanga

Cependant quelques signes d'espoir sont observés dans le milieu paysan:

- Possibilité du milieu paysan congolais de se mettre en route pour résoudre par lui-même des problèmes bien précis (eau, culture, pistes, formation) ;
- Soif et capacité de se former. Les gens s'expriment facilement. Ils savent souvent s'écouter;
- Désir de connaître des choses nouvelles. Ils ne refusent pas le «progrès» si l'on part de ce qu'ils connaissent déjà et s'ils découvrent l'utilité des choses : par exemple, pourquoi creuser un puits, tracer une nouvelle piste, cultiver plus de riz ou de haricots.
- Sagesse du milieu paysan qui aime les actions concrètes, discutées et réalisées en commun;

La religion n'est pas en soi un obstacle : par exemple: en RD/Congo, les C.E.B. (Communauté ecclésiastique de base) sont une preuve que les catholiques cherchent à vivre leur foi dans toutes les dimensions et sans s'éloigner des protestants et des kimbanguistes ou autres.

Actuellement dans les divers milieux, nous ressentons l'urgence d'une autre stratégie qui fait appel à l'intelligence des paysans en leur fournissant surtout des moyens d'information et de formation, enfin, conçus en fonction de leur langage, de leur culture, de leur milieu, de leur histoire, ainsi que leur existence dans le monde d'aujourd'hui dominé par la globalisation c'est-à-dire la concurrence effrénée.

N'a-t-on pas écrit dans le cadre de la mondialisation par les alter mondialistes (INS/UNICEF, op.cit.) que «Nous vivons en Afrique, mais nous sommes liés au monde entier. Nous faisons partie d'un monde qui est en train de devenir un «village planétaire». Le premier à en parler a été Marshall Mc Luhan (1911-1980), un Canadien, qui, partant de l'étude des médias, est arrivé à la conclusion que la «Galaxie Gutemberg» (Gutemberg étant l'inventeur de la presse écrite vers 1450 de notre époque) était terminée».

1.7 Financement des projets de développement communautaire

Notons d'abord que la sympathie envers les ONGD repose, notamment sur la méfiance envers les Etats, discrédités parfois à l'excès par les «affaires» sur la tendance générale à réduire les dépenses publiques destinées aux actions sociales sur le triomphe de l'idéologie du privé et sur la connivence rassurante entre le public et le «héros» spectaculaire et efficace qui sauve des vies. D'importantes sommes d'argent passent par les mains des ONG sans qu'un réel contrôle démocratique s'exerce. «Ces fonds émanent en partie des Etats, par ailleurs, tellement critiqués pour leurs dépenses excessives. L'opinion fait confiance au non gouvernemental sans nécessairement vérifier le résultat concret de ses actions. Elle croit généralement bien connaître les ONG qui forment un monde pourtant très hétérogène» (Le Groupe de travail coopération française, op.cit., p.181).

En outre, toutes les Organisations Non Gouvernementales de développement interviennent à la base en y apportant une assistance matérielle pour le financement d'un projet donné. Dans la plupart des cas, ce sont des ONG du Nord, lesquelles sont issues des pays de "l'Amérique et ceux de l'Europe. Celles-ci interviennent le plus souvent auprès des ONG locales (Voici ci-dessous).

LISTE DES ONGD INTERNATIONALES AU KATANGA (Division Provinciale du Plan Katanga 2006)

IFESH
UMCOR
VISION MONDIALE
ADRA
GRET
PACT-CONGO
ALBA
DU VERRE NAASTEN
FONDATION KONKRAAD DANEUR FD
COMMISSION EUROPENNE 11.GTZ/RIFEDEC
CARITAS
DSF

SANRU
MEDICUS MUNDI
ACTION FAIM
MSF/ESPAGNE
MSF/BELGIQUE
MSF/FRANCE 20.CTB - PAIDCO
MSF/HOLLANDE
DEVELOPPEMENT ET PAIX 23.ISAID
CICR
JOHANNIFER
IFES

Organismes de l'ONU

1. OMS	6. HCR
2. PAM	7. FAO/UR
3. OCHA	8. FAO/PADC
4. UNICEF	9. UNFPA
5. MONUC	

1.8 Conclusion

Plus qu'un problème d'adhésion aux projets de développement, la mise en œuvre des opérations d'innovation met en lumière les clivages, les inégalités d'accès aux nouveaux facteurs de productivité et le rendement, les contradictions entre les objectifs de rentabilité et les demandes économiques des paysanneries locales, tel qu'il a été constaté et expérimenté dans le District du Haut-Katanga plus particulièrement et, cela constitue, en outre, un facteur de paupérisation dans le Sud minier Katangais. Cette situation en question fait de la rencontre ou du conflit entre les savoirs endogènes et les savoirs scientifico-technologiques un champ de luttes et un espace du changement social en Afrique noire en général et au Katanga, notamment dans le Haut-Katanga en particulier.

«Si la recherche agricole veut se libérer du poids de l'héritage colonial qu'elle traîne encore dans de nombreux centres, les instituts et écoles de formation et de vulgarisation, elle doit désormais assumer les défis que nous venons d'identifier. Il ne suffit plus de s'interroger sur le passage (d'un savoir à l'autre), il s'agit désormais d'ouvrir une nouvelle page de l'histoire des connaissances»(Ela, JM.,1998, p.311).

«Si, pour la science, la recherche n'est jamais terminée, mais demeure une «quête sans fin» comme le pense K. Popper, «les chercheurs africains doivent se réapproprier l'initiative scientifique en assumant les «savoirs endogènes afin de les approfondir, de les réexaminer systématiquement et de réévaluer leurs modes d'emploi dans un contexte nouveau où les pressions démographiques, les enjeux alimentaires et fonciers, l'aggravation des inégalités socio-économiques» (Ela, JM., 1998, p.317). Comment intégrer ces savoirs endogènes congolais et du Katanga, voire du Haut Katanga dans la dynamique de la recherche vivante ? Telle est la question fondamentale qui doit mobiliser les intelligences du continent.

1.9 Références bibliographiques

Bindaye, N. (1998), «Des acteurs nouveaux dans le tiers-monde», in **Congo-Afrique,** n°127, pp.314-324.
Document inédit, Institut National de Sécurité/UNICEF.
Ela, J.M. (1990), «Quand l'Etat pénètre en brousse… Les ripostes paysannes à la crise», Paris.
Ela, J.M. (1994), «L'Afrique. L'irruption des pauvres. Sociétés africaines, société contre ingérence, pouvoir et argent», Paris : L'Harmattan.
Ela, J.M. (1998), «Innovations sociales et renaissance de l'Afrique noire. Les défis du «monde d'en bas», Montréal : L'Harmattan.
Le Groupe de travail coopération française (1989), «Les interventions en milieu rural. Principes et approches méthodologiques», Ministère de coopération et développement.
Hund, K. et Verbruggen, D. (2006), «L'Etat contre le peuple ? La gouvernance, l'exploitation minière et les régimes de transition en RD Congo : le cas du Katanga, Open Space», in Digest de l'initiative pour une société ouverte d'Afrique australe et de l'université de Botswana, n°4, pp.55-60.
Pourtier, R. (2007), «Reconstruire le territoire pour reconstruire l'Etat : La RDC à la croisée des chemins», Paris : Afrique contemporaine.

2 CHAPITRE II : LES ORGANISATIONS NON GOUVERMENTALES DE DEVELOPPEMENT ET LE BIEN-ETRE DE LA POPULATION DE LA CEINTURE VERTE DE LA VILLE DE LUBUMBASHI

KITABA – KYA – GHOANYS

2.1 Introduction

La ceinture verte de la Ville de Lubumbashi est située sur un rayon de 30Km du Nord au Sud et de l'Est à l'Ouest de Lubumbashi. C'est donc un milieu coutumier destiné généralement aux activités agropastorales et dénommé parfois grenier de la ville de Lubumbashi.

Dans ce milieu, les interventions des ONGD (Organisation Non Gouvernemental de Développement) à caractère communautaire affluent et sont qualifiées d' «appuis financiers» ou d'encadrement sous diverses formes. La lecture de l'existence de la plupart des ONGD œuvrant en appui des initiatives locales de développement démontre que peu, sinon toutes n'ont pas de moyens financiers propres. Elles sont plus tournées vers l'extérieur (Occident) à la recherche des fonds nécessaires pouvant leur permettre d'intervenir auprès des communautés de base en détresse.

Les interventions envisagées par les ONGD résolvent-elles la question du bien-être de la population encadrée de la ceinture verte de Lubumbashi ? D'où tirent-elles des moyens de financement ?

2.2 Des partenaires financiers et de leurs interventions

Parmi les principaux donateurs, se retrouvent des personnes physiques (occidentales) américaines, des capitalistes considérés comme des bienfaiteurs et des agences des Nations Unies, des Gouvernements des pays occidentaux, des ONG occidentales. Citons parmi eux pour les ONGD : BDD, Vision Mondiale et SADRI et pour les agences:

Broederjk Delen/Belgique
Développement et paix/Canada
Misereore/Allemagne
CTB/Belgique (Coopération Technique Belge)
FAO ; USAID
ReachItalia
VCCF/France
UNICEF
PNUD
OMS
WEM/Allemagne
BCECO
ASAID
Coopération canadienne
SOPROBEL (solidarité protestante Belge)
EED/Bonn en Allemagne
ESP/STUTTGART/Allemagne

Tous ces donateurs sont appelés des partenaires financiers et libèrent des fonds pour l'appui des actions de développement ci-après :

a) Le BDD/Lubumbashi, à partir de 1994, a appuyé les projets suivants dont le coût d'investissement est fixé et déterminé par le BDD/Lubumbashi (CRONGD/Katanga 2010):

Promotion de jardin et d'élevage en milieux urbains : 16400$ US

Achat ferme pour l'encadrement des jeunes du Centre diocesain : 15.000$ US

Projet Safina : 2.600.000$ US

Actions socio-sanitaires intégrées à Lubumbashi : 52.244$ US

Intrants agricoles pour la communauté du développement esprit KEBUMBE/ ceinture verte : 39.000$ US et 326$ US

Acquisition des infrastructures villageoises : 174.000$ US

Achat engrais chimiques pour agriculteurs : 921.544$ US

Achat semences améliorées (soja + maïs) pour les agriculteurs du diocèse : 330.950$ US

Encouragement pour l'agroforesterie : 53.000$ US

Achat matériels aratoires : 24.000$ US

Acquisition de deux camions pour le ramassage des produits agricoles : 288.000$ US

b) La Vision Mondiale de la RDC cherche aussi des financements auprès de diverses personnes tant physiques que morales, et surtout internationales. Le PDR Kampemba a, au cours des années ci-après, reçu des donneurs des fonds suivants :

Tableau n° 1 : Investissement PDR/Kampemba (BDD, 2004)

Année	Montant reçu	Dépenses
2000	419.221$	428.100$
2001	441.494$	445.391$
2002	412.987$	454.832$
2003	446.422$	447.223$
2004	457.328$	467.350$

Source : Rapport Vision Mondiale PDR/Kampemba 2004

Il est à noter que les dépenses dépassent généralement le montant reçu des donateurs. Les surplus proviennent de certaines agences des Nations Unies qui interviennent en nature auprès des déshérités par le truchement de la Vision Mondiale. Crédibilité, partenariat bien cimenté l'oblige.

Ces différentes ONGD bénéficient des appuis financiers de leurs partenaires chaque année, reçoivent des fonds soit pour les interventions dites d'urgence (cas d'épidémie, de calamité ou des guerres ; etc.), soit pour les actions durables.

Et l'on pourra également constater que ces ONGD interviennent, selon leur réseau géographique, surtout dans la ville de Lubumbashi, principalement dans la ceinture verte car elles ne préfèrent pas s'éloigner de la ville où sont installés leurs sièges et surtout que l'état de routes ne facilite pas le déplacement des encadreurs. C'est pour cette raison que, à part SADRI qui va plus ou moins à 100Km, ADRA, BDD, V.M/PDR Kampemba, etc. demeurent en grande partie dans un rayon de plus ou moins de cinquante km de la ville de Lubumbashi.

Dans cet espace de la ville de Lubumbashi, les actions et les réalisations suivantes, dès 1990 jusqu'à nos jours, sont toujours entreprises pour le bien – être des bénéficiaires.

2.3 Des activités – réalisations des ONGD dans la ceinture verte de la ville de Lubumbashi

2.3.1 Domaine agricole

L'agriculture est une activité économique ayant pour objectif d'obtenir les végétaux et les animaux utiles à l'homme et, en particulier, ceux qui sont destinés à l'alimentation.

Il est constaté que les économies des pays en voie de développement, surtout en Afrique noire, ont comme activité principale l'agriculture, basée sur les méthodes culturales rudimentaires et destinées souvent à l'autosubsistance.

C'est ainsi qu'en Afrique en général, et en RDC en particulier, où le niveau de la technologie agricole est beaucoup plus bas, existe une tradition d'agriculture extensive avec une technologie rudimentaire.

L'objectif visé par ces ONGD à travers les ILD est l'augmentation de la production du maïs de 150kg par ares et par ménage agricole à 1500Kg par hectare et par ménage jusqu'à atteindre 3000Kg par hectare. La pratique des cultures de soja, manioc, riz etc. et la culture maraîchère sont observées dans les bas-fonds, généralement pendant la saison sèche sur des superficies de 10 à 15 ares aménagées sur les plates-bandes.

Cette culture concerne le gombo, les amarantes, les choux pommés, les choux de Chine, les oignons, les tomates, etc.

Pour réaliser ces activités, les stratégies ci-après sont appliquées :

- Octroi des micros-crédits aux ILD ne dépassant pas 3500 dollars américains pour une population d'au moins vingt-cinq ménages. La répartition de ces fonds a toujours été une pomme de discorde entre les bénéficiaires et les responsables des ONGD d'appui ayant reçu les fonds de la part des donateurs.

- Distribution des engrais, semences et outils agricoles aux membres des ILD ;

- Formation des bénéficiaires à l'usage de nouvelles techniques culturales et à l'abandon de certaines pratiques dans le domaine agricole jugées rétrogrades, telles que : la croyance aux fétiches pour faire tomber la pluie et accroître la production.

Les activités – réalisations dans ce domaine agricole permettent de vendre le surplus agricole pour avoir de l'argent et ainsi assurer l'autofinancement des activités pouvant assurer la sécurité alimentaire.

2.3.2 Domaine de la santé

Ce domaine de la santé est inéluctablement la clé pour la survie des hommes en société. Après avoir sécurisé l'homme en alimentation, la régulation de sa vie par la maîtrise du cadre sanitaire s'impose.

Ainsi, par le biais de ces ONGD, des réalisations suivantes ont été accomplies pour le bien-être de la population de la ceinture verte. C'est, notamment :

- La construction d'un centre de santé à Kalebuka
- La construction d'un centre de santé à Bulaya
- La réhabilitation d'un centre de santé de Mamba
- L'équipement en lits et médicaments du centre de santé de Kikwanda
-L'assistance médicale des enfants parrainés (estimés à 1800)
- La sensibilisation sur le danger de l'automédication, les règles élémentaires de santé, sur la prolongation du VIH/SIDA et des maladies sexuellement transmissibles.
- La réhabilitation des infrastructures sanitaires à Lumata et à Shimikila.

Ces réalisations prouvent à suffisance l'importance qu'accordent les ONGD pour l'éradication, la réduction du taux de mortalité des enfants et des adultes souvent attaqués par la rougeole, la malaria, la diarrhée, la pneumonie, la fièvre typhoïde, le choléra, etc.

2.3.3 Domaine de l'éducation

D'après les données statistiques (UNICEF, 2004), deux enfants sur huit dans un ménage de ce milieu sont scolarisés, soit 25% des enfants sont sur le banc de l'école. A ce titre, ces ONGD se sont donné comme cheval de bataille, la réduction des enfants non scolarisés de 75% à 50%, surtout les filles qui sont laissées pour compte.

Il est connu de tout le monde la valeur de l'instruction dans le monde actuel. Elle demeure l'épine dorsale pour toute action de développement. C'est ainsi que la colonisation, sachant, connaissant bien l'importance de l'instruction – éducation, soutenait le principe : «pas d'élite, pas d'ennui». L'éducation – instruction est donc la meilleure des voies qui initie et conduit l'apprenant vers le progrès.

Tout comme les agriculteurs qui savent que les conditions dynamiques favorables des sols bien nourris et des soins appropriés garantissent une récolte abondante, il est aussi connu que les trois premières années de la vie d'un enfant représentent la meilleure chance de bâtir une société dont les membres seront en bonne santé, heureux et productifs.

Une alimentation équilibrée, l'accès aux soins de santé, l'éducation (scolarisation), la protection dans les trois premières années ont de l'importance dans la stratégie de développement humain. La stratégie de développement axée sur la petite enfance présente des avantages évidents.

Alors, pourquoi n'a-t-elle pas été mise en œuvre dans toutes les collectivités et dans tous les pays ? Parce que la pauvreté est un ennemi implacable. «Environ 1.2 milliard de personnes dans le monde dont plus de 500 millions vivent avec moins d'un dollar américain par jour et les pays pauvres dépensent des sommes colossales pour rembourser les 2000 milliards de dollars américains contractés à titre de prêt aux pays occidentaux et les institutions financières internationales».

«A ces pays pauvres, il leur est difficile d'affecter ces sommes à l'éducation, à la santé, ou à l'amélioration des infrastructures de leurs pays et programmes de développement du jeune enfant» (Bellancy, C, 2001).

Les pays riches qui bénéficient d'une prospérité sans précédent ne les ont pas suffisamment aidés. Devant une telle situation, les enfants en sont victimes. C'est à ce titre que les ONGD se préoccupent de ces victimes pour leur scolarisation en milieu de la ceinture verte de Lubumbashi.

Dans ce milieu, la scolarisation des enfants par les ONGD se fait à travers les réalisations suivantes :

- Construction des écoles à Kikwanda, Navyundu, Mimbulu, village Luano, Bulaya, Mamba, Kalebuka, ayant chacune une capacité d'au moins six classes. La gestion est entre les mains soit de l'État, soit des Eglises et des privés ;

- Réhabilitation des écoles existantes en état de délabrement (village Kikanda, quartier Luwowoshi) ;

- Distribution des objets classiques assortie de la condition du parrainage. Et on dénombre au moins dans ce milieu 859 enfants à Bulaya, Navyundu, Kalebuka ;

- Distribution des bancs scolaires.

A propos du parrainage, un critérium pour être pris en charge est semblable dans les ONGD. Il s'agit des enfants dont les parents:

- sont morts du sida ;
- sont morts de la guerre ou de la maladie ;
- se sont séparés subitement quand la guerre a été déclenchée et les enfants se sont retrouvés entre les mains d'une tierce personne (objectifs des millénaires, 2010) ;
- se sont séparés pour raison de divorce ;
- sont démunis de moyens financiers».

Dès que les critères de sélection sont connus, la prise en charge de ces enfants est généralement facilitée par la division des affaires sociales (imaginer le désordre qui adviendra dans ce service dont le paiement des agents est hypothétique), par les Eglises, par les autorités, voire les parents vivants démunis ou pas, pourvu que les relations tribales, régionales, ethniques avec les agents de service de parrainage d'une ONGD soient établis.

D'une manière officielle, à part les services de parrainage des ONGD qui sélectionnent les enfants à parrainer sur base de la pauvreté éprouvée (les enquêtes sur le terrain), les partenaires de l'administration, tels que : Division du plan, de l'agriculture, de la santé, de l'environnement, la mairie de la ville de Lubumbashi, la RTNC et le gouvernorat de la province du Katanga font aussi parrainer les enfants auprès des ONGD concernées).

2.3.4 Domaine de l'eau et de l'électricité

Les ménages de ce milieu éprouvent des difficultés en eau et en électricité. En 1999, l'UNICEF estimait que dans toute la

RDC, 45 % seulement de la population avaient accès à l'eau potable. Dans les zones rurales, ce pourcentage était estimé à moins de 26 %. En 2001, le taux d'accès à l'eau potable était de 26,1%.

Et pourtant, l'eau potable est un des éléments indispensable pour la survie de l'organisme humain. Celui-ci doit au moins consommer 2,5 litres d'eau par jour et cela après chaque repas, si bien que l'eau est généralement contenue dans tous les aliments.

En milieu de la ceinture verte de Lubumbashi, les ONGD qui y œuvrent, ont comme objectif, dans ce domaine, d'augmenter l'accessibilité à l'eau potable en vue de réduire des maladies d'origine hydrique. Pour ce faire, les réalisations ci-après ont été mises sur pied :

- Creusage des puits à Maramba, Lumata, Bulaya, Kalebuka, Mukulu, Luwowoshi ;
- Répartition de trois pompes manuelles à Navyundu, Lac Kipopo et Tshilenge ;
- Acquisition des transformateurs à Mamba, Kalebuka, Navyundu.

Tous ces projets sont sous la gestion du Comité eau de la base où chaque utilisateur doit acheter le bidon de 20 litres d'eau à 20 FC. Il est à noter que la demande est plus forte que l'offre, cela ayant comme conséquence les incessants attroupements autour des puits, obligeant parfois à consommer l'eau des puits non couverts.

2.3.5 Domaine du développement communautaire et Formation

L'objectif visé par ce réseau thématique est celui d'édifier la capacité des bénéficiaires au point où ils peuvent conduire le processus de leur propre développement. Parmi les réalisations constatées, citons à titre indicatif :

- la mise en place des structures locales de gestion dans les ILD ;
- la constitution des assemblées générales de vingt associations de la base ;

- l'organisation des sessions, des séminaires sur l'élaboration d'un projet et sur la tenue à jour des écrits relatifs à la vente et à l'achat ;

- les réunions communautaires tenues avec les ILD pour récolter les besoins ou les problèmes à aplanir ;

- la sensibilisation des parents sur la scolarisation des enfants à parrainer ;

- la sensibilisation de la population à la nécessité des travaux effectués en communauté ;

- le suivi et évaluation des activités des ILD par les ONGD ;

La sensibilisation de la population sur les méthodes préventives contre la malaria et les épidémies.

Partant de l'objectif visé par les ONGD, dans ce domaine d'éveil de la conscience collective, d'ouvrir les possibilités aux bénéficiaires de vivre en communion en vue de réaliser les travaux d'intérêt collectif, c'est à ce titre qu'il est dit : «Un seul brin de balais ne peut pas balayer toute la cour».

Les réalisations des besoins venant de la base rencontrent les opinions des populations. C'est donc un domaine qui permet à la population de prendre conscience des problèmes de leurs milieux et l'encourager à participer activement aux actions de développement.

La réalité du terrain : des quantités et qualités démenties

Le profane reconnaît aux ONG internationales et locales des avantages que l'observation sur le terrain de la ceinture verte de Lubumbashi dément.

L'encadrement en agriculture

L'encadrement de l'agriculture réside dans la façon de canaliser et rationaliser toute activité de l'agriculteur en lui fournissant les matériels nécessaires pour l'exécution de ses travaux en lui indiquant les voies et moyens pour accroître sa production, en l'aidant à écouler sur le marché la production réalisée. Il se comprend à travers la distribution des terres : Le rôle économique de la terre étant indéniable, les encadreurs agricoles, sur autorisation du chef de secteur et de groupement, font à certains endroits le choix de terrains sur base de leur fertilité et sollicitent la permission d'exploitation auprès des autorités locales avant de contacter le service de cadastre.

Cependant, la population active de la ceinture verte se chiffre à 155.320 habitants dont 1080 ménages sont encadrés.

Il se dégage déjà que l'encadrement n'atteint même pas la moitié de la population mère estimée par le service de l'État Civil qui s'évalue à 39.199, soit 38.119 ménages non encadrés sur le terrain représentant 97,24 1% face à 2,75 % encadrés (ménages).

A titre illustratif, l'ONGD / ADRA a, au cours des années 1992 à 2004, réalisé les spéculations suivantes : (voir tableau n°2)

TABLEAU N°2 : Evolution des activités agricoles au projet Adra/Bulaya

Campagnes Culturale	Etendues Emblavées	Spéculation (culture)	Paysans Encadrés	Quantités d'intrants utilisés			Rendements	Parts Paysans	Parts ADRA
				NPK	Urées	Semences			
1992-1993	7 ha	Maïs	14	1050Kg	700Kg	175Kg	21 T	10,5T	10,5T
1993-1994	16 ha	Maïs	26	3200Kg	1600Kg	400Kg	64 T	32T	32T
1994-1995	52 ha	Maïs	42	10400Kg	4200Kg	1300Kg	208 T	104T	104T
1995-1996	3 ha	Soya	7	600Kg	150Kg	180Kg	2,1 T	1,5T	0,6T
1996-1997	36 ha	Maïs	28	7200Kg	5400Kg	900Kg	72 T	16T	36T
1997-1998	30 ha	Maïs	26	6000Kg	4500Kg	750Kg	120 T	60T	60T
1997-1999	4 ha	Soya	8	800Kg		240Kg	2,800 T	1,9T	0,9T
1998-1999									
1999-2000	30 ha	Maïs	50	6000Kg	4500Kg	750Kg	105 T	77T	28T
1999-2000	5 ha	Riz	10	1000Kg	750Kg	300Kg	10 T	7,5T	2,5T
1999-2000	3 ha	Soya	7	600Kg	150Kg	180Kg	2,5 T	1,2T	1,3T
1999-2000	1 ha	Haricot	4	200Kg		60Kg	7,6 T	3,8T	3,8T
1999-2000	1 ha	Arbre Fruitier							
2000-2001	3 ha	Soya	7	500Kg	150Kg	50Kg	7 T	3,5T	3,5T
2001-2002									
2002-2003	3 ha	Maïs	8	800Kg	500Kg	100Kg	8 T	4T	4T
2003-2004									

Source : Rapport de l'agronome du Projet ADRA/BULAYA 2004

Les sacs égrainés de maïs face à une consommation de 4 sacs de maïs par mois et par ménage, est de 48 sacs l'an sans y ajouter des visiteurs. Face à ce calcul, le ménage du paysan devient débiteur en consommation de l'aliment de maïs de 14 sacs l'an. Cette situation remet en cause la capacité de ADRA/Bulaya d'engendrer une dynamique chez ses encadrés.

Cette observation se veut valable dans l'analyse de l'impact de la production des autres cultures (soja, riz, haricot), même n'étant pas aliments de base du milieu.

Ces ONGD, œuvrant sur le terrain, appliquent la même politique tout en exigeant que chaque ménage à encadrer emblave cinquante ares de maïs. Malgré cet encadrement, la production dans tous les ménages enquêtés est toujours en dessous *de la production attendue qui est de 2* tonnes, soit 40 sacs de maïs. Et pourtant, aucun ménage depuis l'existence de l'encadrement de toutes ces ONGD n'atteint même 20 sacs/are. Le résultat est globalement négatif, oscillant entre 10 à 15 sacs de maïs et dont 25 % de cette production constituent le remboursement. Et en définitive, l'encadré ne restera qu'avec 8 ou 12 sacs de maïs l'an. Cette situation résulte d'un manque sérieux d'encadrement.

D'ailleurs, la campagne culturale 2004 constitue également un témoignage éloquent de cette sous-production dans les spéculations agricoles suivantes : maïs, manioc, arachides, haricots et patates douces.

La lecture des données de la situation sous examen renforce encore la sous - production de maïs, voire la carence de cet aliment de base auprès des habitants de ce milieu (Kitaba K G, 2005, p.232):

- Pour le maïs: production moyenne est de 0,44 tonne, soit 440 Kg par ménage qui représentent 9 sacs de 50 Kg l'an ;
- Manioc : production moyenne par ménage est de 1, 12 tonne soit 1122 Kg représentant 22 sacs de 50 Kg par an ;
- Arachides : production moyenne par ménage est de 0,21 tonne, soit 210 Kg représentant 4 sacs de 50 Kg par an ;
- Haricots : production moyenne par ménage est 0,0 17 tonne, soit 17 Kg équivalant à 0,34 sac de 50 Kg par an soit 7 seaux de haricots par ménage l'an ;

- Patates douces : production moyenne par ménage est de 0,91 tonne, soit 910 Kg équivalant à 18 sacs de 50 Kg par an.

L'encadrement dont bénéficie la population cible en agriculture est vraiment dérisoire. Il n'est pas générateur de recettes. Cette sous - production est constatée même chez les non encadrés et a des conséquences néfastes sur la situation socioéconomique du paysan. Il ne saura rien se procurer de luxe de son produit de champ. Ses cellules, son organisme deviennent, par ce fait, une porte d'entrée de n'importe quelle maladie car dépourvu de tout moyen d'anticorps, de défense contre les virus générateurs des maladies.

Pour ce faire, l'habitat de l'encadré des ONGD est construit en matériaux moins durables (briques à dobe) pour plus de 90 % à telle enseigne qu'à chaque tombée de la pluie ; les parents et membres du ménage sont obligés de tenir les planches soutenant la charpente, faute de quoi le toit en chaume ou en tôles légères, sera emporté par le vent soufflant très fort dans un milieu en déforestation perpétuelle.

L'incapacité, dans ce domaine d'intervention, de procurer à la population cible un revenu conséquent, l'oblige à se construire même un logement dépourvu d'éclairage par mode d'électricité, des fois, les chambres trop exiguës sont éclairées par les lampes tempêtes ou par le Katoritori (un petit récipient contenant l'huile de palme, où se trouve allumée une mèche d'un tissu usé) ou enfin, c'est l'obscurité totale. Au-dessus des toitures de certaines maisons en tôles légères, on trouve de grosses briques faisant office des clous.

Ces maisons, souvent à trois pièces au plus, obligent les enfants de certains ménages à aller dormir chez leurs amis, frères n'ayant pas encore beaucoup d'enfants et dorment souvent sur les sacs étalés au sol. Si le lit y existe, le matin on se réveille avec tant de douleurs pour les non habitués. Les draps, le pagne, la couverture, comme équipement, sont souvent usagés et ne sont renouvelables qu'après s'être déchirés.

Etant modique le revenu de l'agriculture, l'encadré des ONGD fait face à de nombreux problèmes à résoudre, c'est-à-dire subvenir aux besoins existentiels. Son alimentation est carencière en éléments physico-chimiques.

Confrontée aux nombreuses dépenses qui se veulent supérieures au revenu issu des activités agricoles, la population cible encadrée s'adonne à d'autres occupations, telles que : l'exploitation artisanale des heterogénites, le vélo-taxi, la vente des bois morts, la fabrique des fours de braise ,la pratique de la chasse de petits insectes et animaux comestibles, l'époux ou l'épouse se fait domestique ou tâcheron dans un des champs des citadins des communes environnantes.

Il faut, cependant, souligner que toutes ces occupations sont exercées et existent d'une manière sporadique, irrégulière et conjoncturelle. Après sommation de recettes de certaines tâches jugées régulières, mensuelles, notamment, les braises, vente de produits de chasse, vente de munkoyo, tâcheron dans les champs des citadins, un revenu mensuel moyen par ménage était estimé à 4500Fc représentant 9 dollars américains (au taux de 500Fc) ; 0,3 dollar américain comme revenu journalier.

Suite à cette situation infrahumaine que vit la population encadrée par les ONGD, il est pratiquement difficile que la maîtrise de dépenses, ainsi que leur programmation et ventilation soient envisagées. Pareille condition de vie peut être à la base des maladies artérielles, cardio-vasculaires. Sur le terrain, notre échantillon nous a révélé que les gens dont la tranche d'âge varie entre 51-61 ans et plus ne représentent que 13% comparativement à ceux de la tranche entre 40-50 ans à 16% ; ceux d'entre 19-39 ans représentent 39% et enfin, la dernière catégorie de 18-28 ans représente 32%. Nous retenons de ces données que la durée de vie de nombreuses personnes est comprise entre 29-39 ans et 18-28 ans.

2.3.6 Encadrement en éducation scolaire et orphelinat

Le grand philosophe allemand, Leibnitz pensait que si l'on réformait l'éducation, on réformait le genre humain, et ajoutait-t-il : «donnez –nous l'éducation et nous changerons en moins d'un demi-siècle le caractère de l'Europe».

La scolarisation a pour but d'atteindre un haut degré de la socialisation qui permet à l'individu de tenir sa place dans un ensemble social déterminé. Cette sorte de pédagogie s'exerce, d'ailleurs, dans un système social dont les membres sont implicitement conscients de leur devoir d'éducation à l'égard des jeunes.

Sur un échantillon de six cents enquêtés (ménages) ,350 chefs de ménage ne savent ni lire ni écrire, soit : 58.3% ; 30% ont fait l'école primaire, 8% ; 1,8% ; 1,3% et 0,5% ont respectivement fait le cycle d'orientation, le secondaire complet, les techniques et l'enseignement supérieur et universitaire.

Ce résultat nous renseigne déjà la pauvreté sur le plan éducationnel de la population concernée par les actions de développement. Malgré la présence des Eglises : catholiques, protestantes, méthodistes, adventistes installées dans ce milieu, plus de trois quarts de nos enquêtés, soit 425 ménages croient fermement aux pratiques fétichistes. D'ailleurs, sur le terrain existent 58 maisonnettes des guérisseurs contre 10 Eglises.

Le nombre d'enfants scolarisables se chiffre à 71.459, d'après le rapport annuel de la municipalité, exercice 2004. Soucieux de connaître la couverture scolaire du milieu, l'enquête du terrain nous a révélé les données suivantes :

- Ecoles privées
- Primaires : 35 écoles avec 10.137 élèves
- Secondaires : 19 écoles avec 2.628 élèves
- Ecoles conventionnées
- Primaires : 13 écoles avec 4.263 élèves
- Secondaires : 5 écoles avec 971 élèves
- Ecoles officielles
- Primaires : 3 écoles avec 1.042
- Secondaires : néant

Le total est de 19041 enfants scolarisés, soit 26.6 % des enfants scolarisables.

En effet, de nos jours, la scolarisation des enfants constitue un goulot d'étranglement pour les parents dépourvus d'un revenu conséquent. Face à l'incapacité établie de nombreux parents à supporter leurs enfants aux études, ADRA et Vision Mondiale adoptent le système de parrainage ; leur prise en charge concerne les frais de minerval et fournitures scolaires, voire les soins de santé.

Sur le terrain, 1859 élèves sont parrainés dans les écoles suivantes : Bulaya, Mikombe, Kalebuka, Kasungami, Kilobelobe,

Nyuki et Ephata et ne représentent que 9.7% d'enfants scolarisés et 1.60% d'enfants scolarisables.

Installé depuis 1992, l'orphelinat de Bulaya est un projet dont l'initiative venait du directeur provincial d'ADRA après qu'il ait constaté d'incessantes demandes et fréquentations à son bureau, des nécessiteux en denrées alimentaires, habillement, etc. Il finit par ériger un orphelinat à Bulaya (ceinture verte de Lubumbashi) en vue de pallier à cette situation .Ce projet est entièrement financé par une ONG internationale dite «Reach Italia».

Tableau n°3 : Evolution des orphelins à BULAYA

Année	Filles	Garçons	Total
1992	3	7	10
1993	6	15	21
1994	22	35	57
1995	36	40	76
1996	40	49	89
1997	42	50	92
1998	46	57	103
1999	40	53	93
2000	29	46	75
2001	24	51	75
2002	18	56	74
2003	14	59	73
2004	16	32	48

Rapport du projet ADRA/bulaya exercice 2004

Les enfants, qui y sont logés, viennent de toute part de la province du Katanga, à condition de formuler une demande auprès du directeur des projets qui en examinera la pertinence et surtout la disponibilité.

A partir de l'année 2000, le nombre des orphelins (garçons et filles) a sensiblement diminué par le simple fait que :

Le directeur de ADRA devrait rentrer dans son pays et que les subsides devenaient incertains.

Les rapports sexuels entre les orphelins s'étaient intensifiés, étant donné qu'ils étaient tous logés dans un même bâtiment compartimenté. Ce qui a conduit le directeur du projet à diminuer le logement des orphelins.

Aux alentours de la localité, s'érigeait une barrière des militaires qui allaient en guerre contre la rébellion de RCD. Leur présence en ce lieu a créé une situation de tracasserie, sur tous les plans, aux habitants de cette localité.

En outre, il se dessine dans ce tableau que les orphelins garçons sont plus nombreux que les filles. Selon nos enquêtes, les familles dont sont issus ces orphelins gardent les filles pour un éventuel mariage et préfèrent se débarrasser des garçons, parfois et souvent, sujets à problèmes. C'est donc un lieu, pense-t-on, de rééducation et d'apprentissage de certains métiers.

Il ressort de ces domaines de la scolarisation et de l'orphelinat que les intentions des ONGD sont louables en construisant les salles de classes face à la démission de L'Etat congolais, en parrainant les démunis, les pauvres par le paiement de minerval et fournitures scolaires.

Mais les résultats sur le terrain sont litigieux et là où le bât blesse, c'est le fait que les parrainés ne doivent pas écrire à leurs parrains sous prétexte que certaines informations politiques du pays ne soient portées à leur connaissance. Quelle contradiction dans un tel jugement où le parrain, le tuteur ne soit pas mis au parfum de la situation de son fils.

A Bulaya, l'orphelinat reçoit mensuellement six cent dollars américains pour l'alimentation de ses pensionnaires, soit 12.5 dollars par orphelin, sans oublier les fournitures scolaires. Pour suppléer à l'insuffisance du budget, disent les gestionnaires, des travaux agricoles sont imposés aux orphelins pour produire certains aliments pour leur subsistance.

La gestion des orphelins pose généralement de sérieux problèmes relatifs à la cohabitation des filles et des garçons dans un même bâtiment à chambres compartimentées. Cette cohabitation a des conséquences néfastes : la prostitution, les grossesses incontrôlées.

Il arrive des fois que certains tuteurs (oncles maternels ou paternels) viennent retirer les enfants internés, situation qui peut mener à l'interruption du financement par les donateurs. Les travaux des champs obligatoires leur exigés font fuir certains orphelins.

2.3.7 Encadrement par alphabétisation et formation

Environ 60% de nos enquêtés sont analphabètes. Toute action de développement à l'heure actuelle du village planétaire exige un minimum de connaissances (lire et écrire au moins) pour entreprendre n'importe quelle initiative. Par des descentes sporadiques, les ONGD, par le biais de leurs formateurs (agronomes, animateurs, facilitateurs), apprennent aux encadrés (femmes ou hommes) les techniques d'alphabétisation (lire, écrire et compter), les techniques culturales : preuve pour l'amélioration n'est pas faite, cela est d'autant plus vrai que l'analphabétisme est élevé.

2.3.8 Encadrement sanitaire

Ce domaine est inéluctablement la clé de la vie des hommes en société. C'est pourquoi 21 ONGD sur un total de 54, que regorge le Katanga, œuvrent pour le domaine et que 11 ONGD se trouvent concentrées à Lubumbashi et dans sa ceinture verte. Nous remarquons les efforts fournis par les ONGD en construisant les centres de santé qui assurent le service de maternité et d'hospitalisation.

Les efforts déployés dans ce domaine par les ONGD sont palpables dans les villages de Mamba, Kalebuka, Tshilenge, Kilobelobe, Kikwanda, Bulaya etc. Mais la qualité de soins laisse trop à désirer, accentuée par le manque de campagne de dépistage en vue de combattre les maladies endémiques.

Interrogés sur l'efficacité et l'efficience de ces centres de santé, 486 ménages préfèrent la médecine traditionnelle à la médecine moderne car elle est moins coûteuse et surtout, d'après eux, parc que toute maladie est toujours provoquée par les gens. «C'est pourquoi, ajoutent-ils, il est impérieux, dans pareilles circonstances, de consulter souvent les voyants, les guérisseurs capables de détecter la source de la maladie ».

114 ménages soit 19% concilient les deux médecines, mais ne se présentent au centre, selon la plupart des infirmiers, qu'in extremis, lorsque l'état de malade est dans une situation de désespoir. Sinon tous les ménages alphabétiques, analphabètes, croyants ou non sont des adorateurs de la pratique de «londola» signifiant «promenade d'un corps de mort transporté par les initiés après usage fétichiste et formule incantatoire, à la recherche de l'auteur de sa mort».

2.3.9 Ravitaillement en eau et en énergie électrique

Si les ménages urbains éprouvent des difficultés en approvisionnement en eau portable et en électricité, les zones urbano-rurales, en l'occurrence la ceinture verte de Lubumbashi, en souffrent davantage.

En 1999, l'UNICEF estimait que dans toute la RDC, 45% de la population avaient accès à l'eau potable. Par contre, dans les zones rurales, ce pourcentage était estimé à moins de 26% par rivière. C'est à ce titre que l'on observe des pompes hydrauliques à Kilobelobe, la construction des bornes fontaines à Kamasaka, Mukulu, Mukomo Shibukeni, Luwowoshi, Bulaya. Les unes ne sont plus fonctionnelles suite à leur usage excessif et abusif par une population évaluée à plus ou moins 500 personnes, dans un rayon de plus de 600 mètres.

Les puits fonctionnels ne résolvent pas le problème sous examen. Chaque jour on assiste à des bagarres autours des puits, entre femmes ou entre enfants, et pourtant les objectifs visés par les ONGD consistaient à réduire la corvée des femmes et des enfants à cet égard. Rarement, il est prévu des désinfectants dans ces puits suite au manque de cotisation des bénéficiaires croyant que tout est gratuit.

Non seulement la quantité d'eau mais surtout sa qualité posent des problèmes pour cette population. Georges Duhamel disait : «je mesure la grandeur d'un peuple à ce qu'il fait pour l'eau».

Préoccupées par l'amélioration des conditions de vie de la population pauvre, les ONGD ont fourni des transformateurs électriques à Kalebuka, à Luwowoshi, qui sont sous-utilisés. La remise à la population des transformateurs ne résout pas la question d'abonnement à la SNEL. (Où les bénéficiaires sont incapables de souscrire à l'abonnement).

Non seulement le nombre de ménages desservis est faible, mais également les fournitures sont irrégulières à cause principalement de la vétusté des réseaux. Cette situation s'explique par le fait que la pauvreté ne leur permet plus de faire face au coût de desserte à payer mensuellement.

2.3.10 Octroi de microcrédit aux ILD

Ce domaine est de moins en moins appliqué par les ONGD intermédiaires. L'appui est uniquement et, surtout envisagé dans les cultures maraîchères (lengalenga, tomates, choux, oignons, etc.). L'ILD introduit son projet auprès de l'ONGD locale, dont le montant ne doit pas dépasser 3500 dollars (fonds demandés généralement de 50% du coût total, mais le montant libéré varie entre 2500 et 3000 dollars).

Une fois octroyé, le microcrédit est accordé même aux n'ayant pas droit. Il s'agit des officiels des ONGD qui exigent souvent des commissions dont le pourcentage oscille entre 20 et 40 % pour les anciennes ILD et 50 %pour les ILD nouvellement sélectionnées dont l'existence dépend du personnel de l'ONGD qui, souvent, est l'initiateur.

C'est qu'en définitive, sur un total souvent d'au moins de 40 bénéficiaires, un montant variant entre 1500 et 2000 dollars atteint la population cible. La répartition de ces crédits est inégale. Les membres du comité de gestion et de crédit se réserveront les parts importantes d'au moins 200 dollars tandis que les autres membres recevront chacun tout au plus 25 dollars. Dans quel domaine peut-on investir avec une somme de 25 dollars américains ?

Ainsi, les membres des ILD visitées, ayant reçu l'an passé ces microcrédits, demeurent en conflit permanent et menacent de suspendre leur comité de gestion ; tel est le cas de : Mapendo, APF, CDC, APA. Le remboursement du capital qui se fait avec un intérêt de 15 à 20% demeure hypothétique.

L'analyse systématique des résultats de l'enquête nous révèle que les ONGD possèdent des avantages qui les mettent en harmonie avec le milieu local dans lequel elles interviennent au lieu d'accompagner la population bénéficiaire. Elles prétendent bien connaître le milieu en y apportant une réponse parfois à leur propre demande et rarement à celle des bénéficiaires.

2.4 Conclusion

La ceinture verte de Lubumbashi souffre, d'une part, de la pauvreté subie et, d'autre part, de la pauvreté méritée, secrétée par les interventions des ONGD dont les conséquences sont :

- L'octroi de microcrédit aux ILD, basé sur les opérations retour des fonds aux ONGD d'appui mettant le bénéficiaire dans la situation d'éternel assisté, donc de dépendance financière ;
- La faible production en produits vivriers et maraîchers, voire quasi inexistants pour certaines années culturales ;
- Le manque de prévention des maladies et des produits pharmaceutiques et appareillages médicaux appropriés dans les centres érigés par les ONGD ;
- La sous-alimentation et famine permanente et chronique dans cet espace urbano-rural, obligeant sa population encadrée aux pratiques des activités économiques informelles, à la débrouille et au vol dans les champs de projet ou vente des intrants leur accordés à titre gratuit ou de prêt.

Le faible taux d'alphabétisation et de scolarisation de la population

La quantité et la qualité d'eau potable insuffisantes, sources de maladies hydriques.

La faible participation de la femme aux actions de développement communautaire.

L'habitat de la population en état désastreux, conséquence des moyens financiers faibles

Le manque de politique de protection de l'environnement journalièrement dévasté par les bûcherons.

Le non attachement à la gestion de la chose publique : situation constatée lors de nos enquêtes où les responsables des partis politiques ne sont pas domiciliés dans ce milieu, mais plutôt à Lubumbashi.

Il résulte de cette analyse que le bien-être en milieu de la ceinture de Lubumbashi à travers les interventions des ONGD n'est qu'un rêve étant donné que les projets qui y sont initiés ne relèvent pas de besoins ressentis et exprimés par la population cible. Il serait mieux que les interventions des ONGD envisagées à la base soient l'expression et la conscience des concernés par les projets ou par les programmes.

2.5 Références bibliographiques

Segbenon, R.S. (1989). «ONG pour qui ? ONG pourquoi ?» in Agripone, 14

MBUYA LUBANZA POPOPO (1996). «L'avenir des communautés de base au zaïre» in ONG contact n°12,

Rapport (1990). Concentration des ONG de la RDC.

Journal Officiel de la RDC(2001), Loi n° 004/2001 du 20 juillet portant disposition générale, n° SPECIAL

Codes de conduite des ONGD de la RDC (1995-2004)

Répertoire des ONGD/CRONGD (2004)

Rapports annuels d'ADRA (1998-2004)

Rapports annuels vision mondiale PDR/Kampemba (1999-2004)

Rapports annuels de SADRI (1998-2004)

Rapports annuels de BDD (1999-2004)

Bellancy, C (2001), «Situation des enfants dans le monde», UNICEF

Rapport des ILD encadrées par les ONGD

Bary,A.K. (1966), «Problématique de la pauvreté au zaïre» in Plan d'action pour la réinsertion socio-économique de groupes vulnérables au Zaïre

Cremin (1975), L'école en marche, éducation progressive aux USA, Paris : Tendance nouvelle

Rapport PNUD (2002) «la coopération entre la banque mondiale et les institutions non gouvernementales»

Denis, D. (1980), «Evaluation de la formation des agents de développement communautaire», Ouagadougou : INADES

Leconte (1978) «Participation paysanne à l'aménagement et techniques des projets» in Revue tiers-monde, n°73

Kitaba kya- Ghonys (2005) «Les ONGD et l'économie des pauvres dans la ceinture verte de Lubumbashi», Thèse de doctorat, Université de Lubumbashi

3 CHAPITRE III : UNITE ET DIVERSITE DES ACTIVITES DE SURVIE DANS LE SUD DU KATANGA

KAIMBI MPYANA Delphin

3.1 Introduction

Face à la situation d'exclusion sociale, les populations du Sud Katanga, plus précisément celles des villes et des environs des villes du Sud Katanga ont pris l'option de se prendre en charge à travers des activités de survie qualifiées parfois d'informelles par rapport aux activités formelles.

Ces activités, expression de la carence d'intégration dans une société considérée comme l'émanation d'un système connu capitaliste, sont à la fois diverses et uniques ou semblables. Elles sont diverses parce qu'elles doivent répondre à des besoins divers, à des logiques différentes des acteurs qui les produisent ou alors aux contextes de leurs réalisations. Bref, elles sont dépendantes de l'interaction qui peut exister entre l'acteur et la société ou le système dans une situation sociale donnée.

Ces activités sont d'un genre unique visant la suppression de la pauvreté par l'emploi des moyens aussi variés. Cette unicité de ces activités crée un tronc commun, le fondamental sur lequel nous voulons porter notre attention, tant il est vrai que la question des stratégies de survie développée par la majorité d'exclus sociaux au sud Katanga reste une évidence. C'est bien le premier objectif à démontrer dans cette réflexion.

Cependant, ces stratégies sont qualifiées, pour certains, d'activités relevant de l'économie informelle, pour d'autres, des activités de l'économie populaire, etc. ; les solutions proposées suivent aussi les divers points de vue. Pour ceux qui sont partisans d'un point de vue négatif, c'est-à-dire qui considèrent ces activités comme relevant du domaine de l'informel, la solution prend toujours des orientations radicales : celles de l'éradication ou de la suppression de ces activités qui empêchent l'économie normale d'éclore. Quant à ceux qui pensent que ces activités sont des activités de survie qui permettent aux marginaux de vivre avec les moyens en leur possession, ils estiment plutôt qu'il faut les consolider, les répliquer positivement à d'autres démunis. C'est cela qui serait à la base de leur diversité et leur multiplicité et, par ricochet, de leur richesse en tant que réalité éparse et spécifique. C'est cela que nous fouinons dans ce deuxième objectif.

Ces deux stratégies ci-dessus présentées s'excluent certes, mais sont à considérer comme les différentes manières de trouver des solutions à l'équation souvent répandue en République Démocratique du Congo : pays riche en ressources et population dépourvue même de l'essentiel.

Dans cette réflexion, nous avons pensé résoudre cette équation en allant d'abord à la découverte de ce qui est fondamental, constant ou unificateur avant de passer à l'analyse et à la compréhension de différentes variations possibles liées à l'exercice de ces activités. Cet effort sera possible au travers des expériences de ceux qui pratiquent ces activités dans le sud du Katanga. Pour ce faire, il a été retenu quatre types d'activités qui correspondent à trois secteurs traditionnels de l'activité économique : Secteur primaire, secteur secondaire, secteur tertiaire.

Dans le cadre du secteur primaire, l'expérience des pêcheurs du lac Moëro intéresse l'étude. Dans le cadre du secteur secondaire, les activités des exploitants artisanaux des minerais, parce que relevant de la petite industrie artisanale nous ont aussi intéressé. Enfin, le secteur tertiaire est représenté par les expériences des femmes commerçantes du marché public du centre-ville (marché Mzee) et celles des commerçants ambulants. C'est cet échantillon de 252 unités (101 exploitants miniers, 91 pêcheurs commerçants, 30 commerçants ambulants, 30 femmes du marché public du centre-ville «Mzee») qui constitue la base empirique de présentes réflexions.

Du point de vue méthodologique, nous avons eu à recourir aux questionnaires, en vue d'avoir des données à quantifier par rapport aux paramètres ci-dessous arrêtés ; aux récits de vie, en vue de découvrir toutes les sinuosités encourues durant l'exercice de leurs métiers et aux entretiens, en vue de créer une triangulation dans la récolte des données. Mais de quoi s'agit-il lorsque nous qualifions les activités de «survie» ?

3.2 Activités de survie

Ce sont des activités dites marginales de par leur position dans le processus formel de création des richesses. Inventions des dynamiques des couches populaires ou marginales, elles sont perçues comme «la continuité de la loi économique traditionnelle (Munkulu MBata, 2008, p.143)». Elles relèvent de l'économie informelle, selon Munkulu, et comprennent : les « ... activités de transformation, de services et de commerce dotées des structures et des logiques propres qui demeurent subordonnées à celles du secteur formel. Certaines de ces activités sont le prolongement de la vie traditionnelle et dont le mode de fonctionnement n'a pas subi de modification profonde malgré le contact avec la modernité. D'autres sont une reprise à petite échelle des activités du secteur formel, tandis qu'un certain nombre de ces activités adoptent des formes hybrides. Les secteurs d'activités économiques dans lesquels interviennent les opérateurs informels représentent pratiquement tous les métiers. Ce sont de petites entreprises dont les actifs, les dépenses et les engagements sont difficilement dissociables de ceux de leurs propriétaires (idem, p.143)».

Etant donné leur multiplicité, ces activités sont difficilement dénombrables de manière exhaustive. Dans une étude sur les stratégies de survie à Lubumbashi (Nkuku Khonde, C, et all., 2006, p.72), les auteurs sont arrivés à identifier quelques-unes seulement dans la ville de Lubumbashi : «abatteur de bois, cambiste, barman (vendeur occasionnel dans un débit de boisson), bonne (fille ou femme domestique dans un ménage), briquetier(pendant la saison sèche), bûcheron, Kadhafi (vendeur de carburant le long des avenues), casseur ou tailleur de pierre, charbonnier, chargeur de bus et autres véhicules de transport de personnes, chariot-man(pousse pousse), cireur des souliers, coiffeur d'occasion, commissionnaire pour vente, achat et location des maisons et autres biens, contracteur (ce terme provient du mot contrat : une tâche payante conclue et exécutée en une journée), convoyeur de véhicules, cordonnier, creuseur (des hétérogénites), débrouillard, , dépanneur, distillation et vente de l'alcool traditionnel, diverses activités (touche à tout), aide-maçon, manutentionnaire(chargeur ou débarqueur), musicien, répétiteur d'enfants, plombier de rue, vidangeur (débouchage de WC), receveur de taxi-bus, Tous travaux (activités diverses), trafiquant(commerçant ambulant), vacataire, etc. » (idem, p.67). A présent, il faut ajouter l'activité de taxi-moto à laquelle recourt un nombre important des Lushois.

Il y a lieu, par ailleurs, de retenir que «ces activités se développent dans les mêmes branches que celles du secteur formel, tout en étant fonction de la capacité capitalistique de leurs promoteurs à accéder dans telle ou telle branche d'activités » (Munkulu MBata, p.143). C'est ce qui engendre, pensons-nous, la diversité. Mais avant d'y arriver, découvrons d'abord ce qui les unit.

3.2.1 Unité des activités de survie

Elles se réalisent dans un contexte de production basé sur des principes ou valeurs capitalistes. Le mode de production capitaliste a deux phénomènes fondamentaux qui le caractérisent :

- L'échange général de marchandise, ce qui signifie que personne dans la population n'obtient le moindre moyen de subsistance sans posséder les moyens de l'acheter, c'est-à-dire la monnaie.

- Le salariat ou système capitaliste des salaires, c'est-à-dire le rapport selon lequel la grande masse de la population laborieuse n'acquiert ses moyens de subsistance qu'en exploitant ce rapport (Rosa L., 1969).

Au regard de ces deux attributs fondamentaux du mode de production capitaliste, il s'observe que les activités de survie au sud du Katanga se réalisent généralement dans un contexte social de :

Non salariat : Ceci est une situation de contraposition sociale, c'est-à-dire d'obversion et de conversion du salariat au travers le contrat de travail.

L'obversion du contrat de travail résume le fait que le travail, au lieu d'être rémunérateur et à même d'aider le contractant à reconstituer sa force de travail et à nourrir sa progéniture, est devenu une corvée payée de manière encore moins capitaliste. Une telle rémunération est l'expression de l'esclavagisme ou du servage. D'autant plus que l'esclavage et le servage établissent deux catégories d'hommes : ceux qui sont libres et ceux qui ne le sont pas et qui appartiennent aux premiers. L'esclave est la chose de son maître qui a tous ses droits sur lui. Le serf est attaché à son maître ou à sa terre qu'il ne peut quitter même si une certaine personnalité juridique lui est reconnue : Il ne peut être vendu.

La conversion du salariat au non salariat suppose que les quantités de forces de travail vendues en sociétés sont minimes par rapport aux forces de travail disponibles. Ceci a comme implication que les acteurs pratiques ne sont pas assujettis à la théorie de la valeur travail et ses corollaires qui, pourtant, constituent le substrat fondamental du processus d'accumulation des richesses.

Dualité du processus d'échange et de polyvalence des produits à échanger

La dualité se constate dans le recours permanent, concomitant à deux formes d'échange: l'échange marchand et l'échange non marchand, la monnaie et le don, la vente et la réciprocité. De plus, à l'intérieur de l'échange marchand, existe aussi une polarisation en cascade dans le processus de circulation des marchandises par le recours permanent et aussi concomitant du troc et de la monnaie ayant des signes manifestement différents : le dollar américain qui circule au même titre que le franc congolais dans les différentes transactions économiques officielles ou non officielles. Ce processus de polarisation en cascade de l'échange marchand entraîne la polyvalence et non l'équivalence des produits à échanger.

Enfin *du primat du raisonnable sur le rationnel dans la pratique des activités de survie.*

Dans la pratique de ces activités, il n'existe aucune autre rationalité que celle de la recherche d'actions efficaces pour survivre et à défaut de vivre. Le recours permanent au raisonnement cartésien n'est pas démis. En effet, dans une telle économie, on est arrivé à se convaincre que la vie ou l'accumulation des richesses ne sont pas liées au nombre de diplômes ni à la technicité apprise à l'école. La science n'est plus un outil indispensable pour produire des actions d'amélioration des conditions d'existence en société. Les projections et calculs trop scientifiques et rectilignes ne sont qu'un passe-temps car il faut laisser la nature agir à défaut de recourir à la providence éclairante. Néanmoins, si la nature est lente à agir, il faut la stimuler à agir en sa faveur. L'effet environnement pèse sur toute action à entreprendre. Certains penseraient aux actions qui sont produites par la morale de conviction.

Ces trois caractéristiques fondamentales unidimentionnalisent les activités de survie et donnent lieu à un modèle économique qui s'oppose au modèle capitaliste (fondé sur le salariat) et que nous osons qualifier de modèle de «contingence» c'est-à-dire un modèle économique non lié au déterminisme des principes et lois économiques, mais façonné par les individus dans un contexte donné, d'abord comme acteurs libres, ensuite soucieux de leur avenir, enfin de celui de leur progéniture non assurée par le modèle capitaliste.

Ainsi, ce sont ces identifiants basiques qui, à travers les acteurs pratiques, se manifestent objectivement sous trois manières d'agir :

- L'immédiateté : Dans le contexte d'une économie de contingence, le présent, l'immédiat prend le dessus sur le long terme, car «on ne sait pas de quoi sera fait demain», dit-on. Les acteurs pratiques s'engagent dans n'importe quelle aventure avec les moyens à leur disposition en vue d'atteindre une fin souvent non quantifiée et non programmée. Ici, ce n'est pas le primat de *l'homo- oeconomicus,* mais de *l'homo- habilis*.

La débrouillardise, fondée sur le principe «the struggle for life» c'est-à-dire la lutte pour la vie. Le fort résiste et le faible se résigne, non pour toujours, mais pour s'engager dans une aventure de moindre coût et à la mesure de leur capacité à manœuvrer. C'est un problème d'auto- détermination de chaque acteur pratique, car il n'y a pas de sécurité sociale pour les faibles qui ne peuvent en aucun cas compter sur la société organisée politiquement, devenue d'ailleurs très étrangère aux problèmes sociaux «des attentistes». C'est une question de «mobalité» (Kazadi Kimbu, T., 2006) pour chacun. Il faut se battre pour sauver sa vie et celle de sa progéniture. Pour le sociologue congolais Timothée Kazadi Kimbu, la *mobalité* suppose la mise sur pied des pratiques économiques, politiques culturelles et théoriques du devoir et du droit de devenir le sujet de sa propre histoire. Un *mobali,* c'est celui qui compte sur ses propres forces sur base d'un engagement libre et responsable dans la maîtrise de la production des moyens de sa propre subsistance.

La binéarité des actions des acteurs : Il faut descendre sur terrain avec un seul principe : ou on trouve, ou on ne trouve pas. Il n'y a pas de calculs économiques à faire avant ou de prévisions économétriques à établir. Les risques sont réduits à l'instant où on exécute l'action et à la suite des essais et erreurs. C'est alors que les dispositions durables et transposables (habitus) jouent un rôle important pour la réussite de l'entreprise amorcée. Cette dernière caractéristique des acteurs pratiques se manifeste à travers des actions conjointes suivantes :

L'existence des stratégies paradoxales avec des dédoublements ambigus.

Les acteurs pratiques contingentés mettent sur pied des stratégies en fonction des circonstances et du temps. Ils n'ont pas une stratégie unique d'un économètre qui projette l'avenir à partir de ses paramètres de mesures ou des lois économiques. Et ils n'ont pas non plus besoin d'une phase de suivi et évaluation, car les référents (qui peuvent être des lois, des indicateurs de suivi ...) de départ changent toujours en cours d'exécution. Le «oui» ne peut pas être permanent, il peut changer en un «non» à tout moment et à la grande surprise de la partie adverse.

L'illégalité des actions dont l'efficacité est liée à leur invisibilité.

Les acteurs pratiques engagés exécutent leurs actions en marge des lois légalement établies. C'est pourquoi elles tiennent à ce que ces actions soient invisibles pour être efficaces. Leur visibilité entraînerait leur formalisation, leur filiation et par conséquent, leur décroissance ou dégénérescence. Pour des raisons de survie, les acteurs engagés dans les activités marginales opposent le principe d'invisibilité.

Le Stoïcisme des acteurs pratiques contingentés.

L'acteur pratique qui opère dans un contexte, dans une économie de contingence accepte et supporte les peines avec courage car il en va de son existence. Dans son contexte économique, l'acteur pratique est même convaincu de vivre normalement et non de «survivre» comme affirme L. Favreau dans le cadre de l'économie informelle. Louis Favreau définit l'économie informelle comme :

- Une économie de survie ;
- Une économie de la débrouille ;
- Une économie qui privilégie des stratégies d'embauche au sein des groupes familiaux;
- Une économie où les moyens de financement sont faibles.

Les conditions difficiles de vie constituent sa nouvelle situation conditionnée et rendue normale par son vécu quotidien. Si l'observateur peut s'inquiéter de sa vie, l'acteur pratique, lui, a ses visées tournées ailleurs. C'est «l'argent et à tout prix l'argent» qui constitue son leitmotiv, par exemple. Ainsi, on aura beau crié que les enfants soient interdits de se rendre dans les carrières d'exploitation artisanale des minerais ; tant que des solutions adéquates et globales ne sont pas prises en compte, ces mesures s'arrêteront au niveau des bureaux climatisés. On peut bien interdire aux exploitants artisanaux d'accéder à des carrières uranifères, cela ne change rien en leur comportement stoïque. En effet, se plier à de telles mesures, c'est cesser d'être un brave, un Homme, un «Mobali». Et pour braver, d'ailleurs, ces situations de plus en plus périlleuses, certains acteurs pratiques marginaux n'hésitent pas à s'affermir dans les pratiques magico-religieuses qui valorisent la croyance en l'invisibilité de l'acteur, de ses activités et renforcent l'envie à entreprendre. «Quand je commence à travailler, je suis obligé de rester même une semaine sans me laver. En plus, je ne dois pas m'induire de lait de beauté sur mon corps pendant tout le temps d'exécution des travaux car ça peut m'attirer de mauvais esprits», déclare un creuseur tout poudroyé par la terre de galeries souterraines. Pareil à l'arme nucléaire, le magico-religieux apparaît comme une des armes de dissuasion contre les forces opposées à l'action salvatrice à entreprendre dans un monde basé sur la lutte pour la vie.

Ces différents éléments identifiés sur base de notre méthodologie d'enquête constituent l'épine dorsale, le tronc commun des activités que nous avons observées dans leurs diversités et leurs multiplicités. Certes, cette unicité n'exclut donc pas les spécificités. En effet, il est important de retenir que la richesse et la force des activités de survie, considérées comme un tout social, dépendent de leurs variabilités.

3.2.2 Diversité dans l'unicité des activités de survie

L'incapacité d'éradiquer les activités de survie, qui sont souvent qualifiées d'activités informelles, est justement liée à cette diversité. Cette dernière exprime mieux la formule : cause unique, mais réponses multiples. C'est cela qui rend dynamiques les activités de survie, comme on peut le constater à travers les positions des auteurs comme Herbert Spencer et Emile Durkheim au sujet de l'évolution de la société.

Pour Herbert Spencer

La société évolue suivant une «intégration par différenciation» sur des faits sociaux considérés comme analogues aux faits biologiques.

Pour Emile Durkheim

La société se développe dans le sens de l'accroissement de la solidarité organique et, partant, dans le sens de la liberté, de l'égalité et de la fraternité.

Les activités de survie, quoiqu'originellement uniformes, restent diversement organisées à travers l'espace sud katangais. Dans tous les cycles économiques, production, circulation, consommation et accumulation des richesses, chaque acteur pratique agit toujours de manière spécifique. C'est la consécration de l'idée selon laquelle la question de survie est d'abord une question individuelle avant d'être collective, c'est-à-dire il importe de *se sauver et sauver les siens d'abord, avant de sauver les autres*. C'est bien la contrepartie à payer lorsque les activités de survie supplantent les activités normales.

La dynamique de ces activités se concrétise au travers des stratégies inventées par les populations pour trouver des solutions aux questions existentielles et parfois même dépasser ces questions de survie pour promouvoir l'emploi par la reproduction du capital. C'est justement ce que nous cherchons à découvrir à travers cette diversité constatée. Pour preuve, les études sur la Réduction de Pauvreté en RDC (DSRP, 2006), sont arrivées à relever que l'informel absorbe 75% des Kinois (habitants de Kinshasa), alors que le secteur public formel emploie 20% et le privé formel 5%. N'est ce pas là un exploit énorme pour les activités qualifiées tout simplement de survie.

Le tableau ci-dessous identifie le niveau de différentiation des activités de survie sous examen. Il offre aussi l'opportunité d'en tirer des paramètres devant faciliter l'explication de la persistance des pratiques jugées mortifères de l'économie nationale, pourtant à même de relever le niveau de vie d'une frange importante de la population au Sud Katanga.

C'est en mettant en jeu des indicateurs englobant les phases suivantes : la production, la circulation et la consommation, que les pratiques journalières de ces marginaux sociaux au Sud Katanga sont bien circonscrites. Ces indicateurs se révèlent à partir des questions : - *Qui produit ?* (Genre, Age, Etat matrimonial, composition familiale, niveau d'instruction, Expérience dans l'activité) – *Avec qui produit-on ?* (Dynamique au sein des groupes), *Pour quel marché ?* (Public cible et ses contraintes) *et pour quel objectif ? (*ces activités peuvent-elles aller au-delà de la survie pour une reproduction possible du capital ?). Le tableau ci-après tente de répondre à toutes ces questions.

Tableau n°001 Indicateurs spécifiques à chaque catégorie d'acteurs pratiques.

	Exploitants Miniers (creuseurs) Nombre : 101	**Pêcheurs - commerçants** Nombre : 91	**Com-merçants -Ambu-lants** Nombre : 30	**Mamans ven-deuses au mar-ché** Nombre : 30
Genre	98%d'hommes contre 2% de femmes	93,4% d'hommes contre 6,6% de femmes	100% hommes	100% femmes
Age	Min : 14 ans Max : 49 ans Moyen :	Min : 24ans Max : 77ans Moyen : 46 ans Modal : 46	Min : 16ans Max : 50ans Moyen :	Min : 33 ans Max : 46 ans Moyen :

	27.7 ans Ecart type : 6,52 ans	ans	28.6 ans Modal : 25 ans	39,4 ans Modal : 37 et 39 ans
Etat Matrimonial	Marié à 1femme :53, 93% Mari à plusieurs femmes : 3,92% Divorcé : 0,98% Célibataire : 36,27%	Marié à 1femme : 57,1% Marié à plusieurs femmes : 28,6% Divorcé : 2,2% Célibataire : 5,5%	Marié à 1femme : 65% Marié à plusieur s femme :25% Divorcé : 5% Célibataire : 5%	Marié Marié Divorcé : Célibataire
Composition Familiale	Moyenne : 7enfants par ménage	Moyenne : 7 enfants par ménage	Moyenne : 6 enfants par ménage	Moyenne : 6 enfants par ménage
Niveau d'instruction	Diplôme d'humanités : 48,25% Diplôme d'humanités incomplètes: 20,75% Primaire :12% Graduat :3,5% Sans instruction : 15%	-Certificat Primaire : 61,5% -Diplôme Humanités : 20,8% -Sans Instruction : 1,1% Autres :16,7%	-Certificat Primaire : 3% -Diplôme Humanités : 20% -Humanités in Complètes : 44% -Sans instruction : 3% Non déclarés : 30%	- Certificat Primaire :10 % -Brevet :10% -Diplôme humanités : 46,8% -Humanités incomplètes : 6,6% - Graduat : 10% Licence :6,

				6% -Sans instruction :10%
Expérience dans l'activité	Age moyen : 7 ans	Age moyen : 20,9 ans	Age moyen : 10 ans Age modal : 3 ans	Age Moyen : 5,6ans Age modal : 5ans
Dynamique au sein des forces productives	-Travail en équipe : 96,9% - Moyenne par équipe : 5 unités - Outil de travail en évolution négative - Nombre de creuseurs en évolution positive avec des équipes peu perméables	-Variation positive du nombre des filets : 1, 3% de taux de croissance -Variation positive du nombre de barquettes : 2,87% de taux de croissance. -Variation positive des travailleurs : 2,37% de taux de croissance.		
Vente et Vendeur des produits	-Vente des produits miniers non renouvelables : cuivre, cobalt, hétérogénite. -Vente localement ou dans les comptoirs dans les	Vente des produits ichtyologiques La vente se fait à Lubumbashi principalement	Vente des produits manufacturés Vente en fonction des facteurs naturels Le lieu de vente est fonction d'heures,	Vente principalement des produits alimentaires et vestimentaires Vente de la même espèce des pro-

	centres urbains.		d'articles et d'artères fréquentées.	duits : 75% Vente est fonction des facteurs naturels : 25%
Achat et Acheteur des produits	Négociants (principalement) et comptoirs d'achat. On achète pour revendre à l'extérieur. La production est tournée vers un marché extérieur (international); car la consommation est extérieure.	Les poissons sont achetés par les citadins pour une consommation locale ou interne (nationale). On produit pour les besoins internes (de la république)	Les acheteurs des produits sont les habitants de la ville et des environs. Les produits sont fournis par les commerçants de la ville, ceux du marché central de la commune Kenya. Produits fabriqués à l'extérieur pour le marché interne.	Les acheteurs sont les habitants de la ville. Les fournisseurs sont en ville pour les produits vestimentaires venant de l'extérieur et dans les périphéries de la ville pour les produits alimentaires. La consommation est locale
Fixation des prix	Acheteur : 45,5% Vendeur : 14,9% Négociation entre les	Acheteur (commissionnaire) :35% Vendeur : 37,5% Négociation :	Vendeur ambulant en fonction du Prix d'Achat	Vendeuses en fonction du Prix d'achat et du béné-

	deux parties : 36,6%	20% Marché : 7,5%	et du bénéfice à réaliser	fice à réaliser
Utilisation du revenu	En ordre d'importance : 1. Alimentation 2. Habillement 3. Scolarisation 4. Equipement 5. Logement 6. Loisir 7. Santé 8. Epargne	1. Alimentation 2. Agriculture 3. Investissement en moyens de production	1. Equipement 2. Contrat de mariage 3. Alimentation 4. Scolarisation des enfants	1. Alimentation 2. Scolarisation 3. Logement 4. Habillement
Epargne	Revenu moyen : 5200 FC/J Non : 96,3% Oui : 3,7% Inexistence de la ristourne	Non :97,5% Oui :2,5% On épargne dans l'achat des filets	Période favorable : 12500/J Période de crise : 3000 FC Recours rare à des ristournes (par semaine)	Revenu : Ristourne journalière ou hebdomadaire (2 à 4 ristournes par personne)
Répartition revenu entre acteurs	Un quota pour le patron et le reste on partage équitablement entre creuseurs (en fonction de la production)	En fonction de la production repartie en % journalier ou mensuel. -Contrat mensuel : payement mensuel (inexistante presque)		

Projets d'avenir	Devenir employé dans une entreprise : 36,63% Devenir négociant : 18,81% Devenir entrepreneur capitaliste : 16,81% Continuer à creuser et devenir négociant : 6,9% Investir dans l'agriculture : 1,98%	Continuer avec la même activité Changer d'activités Changer de lieu de travail et continuer avec la même activité Changer d'activités et le lieu de travail	Etre employé et payé pour un travail rémunérateur Avoir de grands magasins et devenir grand commerçant Disposer des moyens financiers pour se faire de grands champs Professionnaliser dans d'autres secteurs productifs.	
Difficultés Rencontrées	-Commercialisation des produits creusés -Structure d'assistance sociale -Conditions de travail précaires -Accidents de travail	-Difficultés liées aux taxes -Coûts de transports Etat de routes -Prix des poissons sur le marché -Vols des moyens de production et des produits -Rendement	- Arrestation permanente par la police - Epuisement physique	-Harcèlement sexuel, moral de la part des fournisseurs des marchandises gestionnaires du marché et collègues

	-Accidents de travail -Frais exorbitants à payer à l'Etat -Moyens de transport très onéreux -	faible du lac -Dollarisation de l'économie -Dépenses alimentaires et manutentionnaires -Séjour en ville onéreux -Conditions de travail difficiles		commerçants -Jalousie, concurrence déloyale entre vendeuses. -Infidélité pour certaines femmes outrageusement sollicitées -Perte d'argent et de marchandises -Recours aux fétiches pour certaines femmes.

Source : données recueillies de l'enquête de terrain 2009

Les indicateurs de comparaison choisis pour caractériser les acteurs engagés dans la pratique des activités de survie sont : *Le genre, l'âge, l'expérience dans l'activité, la dynamique au sein des forces productives et enfin, les conditions de travail ou de réalisation de la valeur d'une part ; la relation vente -vendeur des produits, la relation achat -acheteur des produits, la fixation des prix des produits et l'utilisation du revenu d'autre part.*

A la suite de l'analyse des données de terrain dans leur diversité, il se dégage que les acteurs des activités dites de survie sont à même de maintenir et d'améliorer leur sort en s'appliquant suffisamment sur les facteurs constitutifs des piliers de reproduction du capital dans une économie dont les caractéristiques principales sont source de *l'économie de contingence* , autrement une économie aux causes uniques, mais aux réponses plurielles.

Ces piliers d'activités de survie et même de reproduction du capital sont descellés à partir des variables observées dans les pratiques de différentes catégories d'acteurs échantillonnés. Ils sont regroupés conformément à l'hypothèse selon laquelle la reproduction du capital passe par deux moments : le moment de production et le moment de circulation. Ainsi donc, les activités de survie, au delà du fait qu'elles permettent aux pratiquants de se conserver ; peuvent-elles aller au-delà, c'est-à-dire créer des richesses ? C'est cette préoccupation qui a milité en faveur de l'analyse du tableau ci-dessus. Parmi ces facteurs de contrôle, nous avons retenu :

- le secteur de production et le produit mis sur le marché,
- le niveau d'intervention dans le processus d'accumulation,
- le type d'organisation au sein des entités opérationnelles,
- les lieux et moyens de vente,
- la capacité d'innover et de s'imaginer des possibilités nouvelles en cas d'obstacles ou de difficultés,
- la capacité de négocier avantageusement le prix des produits,
-la capacité de faire un choix raisonné et efficace dans l'affectation du revenu.

3.3 Le secteur de production et le produit mis sur le marché

3.3.1 Le secteur de production

La production en tant qu'acte - de transformation des éléments préexistants,-d'extraction et de transformation des biens, - à faciliter l'acquisition des biens par les échanges (commerce), s'exerce sur tous les différents secteurs de la vie économique : l'artisanat, l'agriculture, l'industrie, les mines.

Cependant, tous ces secteurs n'ont pas les mêmes potentialités à faciliter la réalisation des activités de survie et la reproduction du capital. Il est des secteurs faciles à exploiter et ayant une incidence positive sur les activités. De plus, dans certains secteurs, la reproduction du capital se fait dans une période courte alors que dans d'autres, l'entrepreneur doit cultiver la patience pour prétendre jouir des fruits de son travail. C'est ici, d'ailleurs, le moment de rejoindre les protagonistes du vieux débat des causes des richesses des nations.

Pour les mercantilistes, ce sont les métaux précieux (or et argent) qui contribuent à la richesse essentielle d'une nation. Ainsi, le secteur de la circulation (commerce et navigation) sera plus encouragé que tout autre secteur. C'est l'époque du commercialisme.

Pour les physiocrates, l'industrie est un secteur stérile, même si le produit fabriqué vaut plus que la matière première qui a servi à le produire. Le commerce est également stérile, car il ne déplace les biens (marchandises) que pour les échanger contre des biens équivalents (monnaie). «L'agriculture seule est créatrice des richesses. L'action de la nature provoque la croissance des animaux, la poussée des plantes. La terre donne à l'homme plus qu'elle ne reçoit. La nature est l'unique source des richesses» (Chalon L & Bolly G., 1963, p.13)

Réfutant les thèses mercantilistes et physiocratiques relatives aux sources des richesses, Adam Smith conclut que seul le travail de l'homme crée la richesse des nations et que la spécialisation des travailleurs accroît leur efficience. Et pour accroître la production, A. Smith proclame l'efficacité de la division du travail comme technique qui entraîne une production plus grande. En effet, le travail apparaît dans tous les secteurs de la vie économique. Lui seul crée de la valeur par la quantité d'énergie qu'il applique sur le corps ou la nature en vue de son extraction ou de sa transformation aux fins de l'user directement ou d'être échangé. Des données réalisées sur terrain, il se dégage dans le chef des acteurs que les secteurs d'activités influent assurément sur l'accumulation du capital au travers de la maîtrise de la vitesse de reproduction. Il apparaît, par exemple, que le secteur des mines est plus rassurant et plus reproductif que le secteur agricole, spécialement celui de la pêche. Il a été constaté, par exemple, qu'avec une expérience moyenne de 20,9 ans d'activités, les pêcheurs commerçants ont acquis les indices des richesses pareils aux exploitants artisanaux (creuseurs) qui n'ont eu que 7 ans d'expérience en moyenne dans leur filière.

Ceci est une raison réelle de l'abandon de l'agriculture au profit de l'exploitation minière. L'agriculture est devenue une activité de ceux-là qui ne peuvent pas aller dans les carrières d'exploitation minière. Plus il en sera ainsi, moins il y aura des agriculteurs dans le monde rural du Sud Katanga.

3.3.2 Le produit mis sur le marché (au temps opportun)

Le produit mis sur le marché peut assurer le quotidien des acteurs pratiques, accélérer ou décélérer (annihiler même) le processus de reproduction. «C'est la vision du consommateur qui donne une définition commerciale au produit. Car au sens marketing, le produit n'existe que s'il correspond à un besoin, à une attente des utilisateurs ; ce sont donc ses fonctionnalités, ses attributs, davantage que ses caractéristiques strictement techniques qui ont de l'importance» (Farganel JP., 1990, p.78). Ainsi, l'eau fraîche serait d'une valeur d'échange plus élevée en période chaude qu'en période froide. Il faut profiter du moment où le produit connaît une forte demande pour l'écouler. Il faut donc chercher et créer des opportunités pour vendre son produit.

Dans notre rapport de recherche sur l'étude des prix des produits ichtyologiques vendus au marché Njanja en 2003, il a été constaté, par exemple, que les poissons *tilapia* groupés en six pièces étaient avantageusement vendus au mois de juin, alors que ceux tassés en 8 pièces connaissaient corrélativement des variations non fructueuses des prix. En ce qui concerne les produits miniers, les prix de vente sont toujours différents, selon qu'il s'agit du cuivre, du cobalt ou de l'hétérogénite. Le tableau tarifaire suivant constitue une illustration :

Tableau n°002 : Prix des matières premières à Likasi

N°	Cuivre	-1Tonne (en $ US)	+2Tonnes (en $ US)	Cobalt	$US Par tonne
01	15% - 15,99%	150	160	3% - 3,99%	400
02	16% - 16,99%	200	220	4% - 4,99%	600
03	17% - 17,99%	250	270	5% - 5,99%	1100
04	18% - 18,99%	300	320	6% - 6,99%	1450
05	19% - 19,99%	350	370	7% - 7,99%	1750
06	20% - 20,99%	400	420	8% - 8,99%	2050
07	21% - 21,99%	450	470	9% - 9,99%	2300
08	22% - 22,99%	500	520	10%-10,99%	2600
09	23% - 23,99%	550	570	11%-11,99%	2900
10	24% - 24,99%	600	620	12%-12,99%	3300
11	25% - 25,99%	650	670	13%-13,99%	3600
12	26% - 26,99%	720	740	14%-14,99%	3750
13	27% - 27,99%	770	790	15%-15,99%	4150
14	28% - 28,99%	820	840	16%-16,99%	4450
15	29% - 29,99%	870	890	17%-17,99%	4550
16	30% - 30,99%	930	950	18%-18,99%	5000

17	31% - 31,99%	990	1010	19%-19,99%	5350
18	32%-32,99%	1030	1050	20%-20,99%	5600
19	33% - 33,99%	1070	1090		
20	34% - 34,99%	1110	1130		
21	35% - 35,99%	1150	1170		
22	36% - 36,99%	1180	1200		
23	37% 37,99%	1210	1230		
24	38% - 38,99%	1240	1260		
25	39% - 39,99%	1270	1290		
26	40% - 40,99%	1300	1320		
27	41% - 41,99%	1330	1350		
28	42% - 42,99%	1360	1380		
29	43% - 43,99%	1390	1410		
30	44% - 44,99%	1420	1440		
31	45% - 45,99%	1450	1470		

Sources : CDM Likasi 2009

3.4 Le niveau et la manière d'intervenir dans le processus d'accumulation

«La production et la circulation capitaliste constituent deux phases du processus de reproduction, c'est-à-dire du processus de production considéré dans sa reproduction continuelle» (Pavel R, 1983).

La tradition marxiste reconnaît deux niveaux d'intervention dans le processus d'accumulation :

- Le niveau de la création de la valeur ou de production des richesses et ;
- Le niveau de circulation, c'est-à-dire de la transformation de la plus-value en profit selon le schéma : A-M-A (Argent - Marchandise - Argent).

Eu égard à toutes les charges inhérentes à la production et à la circulation des richesses ou des valeurs, certains acteurs préfèrent se spécialiser seulement dans la phase de production, laissant la phase de commercialisation à des distributeurs. D'autres, par contre, combinent les deux instances et tentent de compenser réciproquement les effets négatifs de chaque niveau d'intervention.

Ainsi que les données de terrain le démontrent, les commerçants ambulants et les femmes du marché Mzee s'adonnent principalement à la vente des produits, sans s'occuper de la phase de production. C'est ce qui leur permet de vivre acceptablement dans ce contexte d'exclusion. Grâce à l'accroissement du nombre de rotations, ils parviennent aussi à réaliser le profit dans un temps record. Par contre, les creuseurs ou exploitants miniers artisanaux et les pêcheurs-commerçants interviennent à deux niveaux et réalisent leurs profits avec un peu plus de charges et dans un temps assez long. Pour exemple, les résultats issus de l'enquête chez les pêcheurs commerçants prouvent que bon nombre de pêcheurs commerçants font des rotations qui ne vont pas au-delà de 2 (deux) par an.

Certes, outre le niveau, il faut aussi penser à la manière d'intervenir (le marketing autour du produit, par exemple) dans une phase d'échange. C'est cela qui crée les différences oppositionnelles entre ceux qui vendent à l'intérieur du marché (lieu de vente) et ceux qui sont en dehors du marché, ceux qui ont des filets prohibés qui raflent tout sur leurs passages et ceux qui n'en ont pas ; ceux qui creusent les galeries et ceux qui restent à la surface pour exploiter les minerais.

3.5 Le type d'organisation au sein des entités opérationnelles

Le mode d'organisation du travail au sein d'une entité opérationnelle influe sur le processus de reproduction du capital, comme il peut influer sur la réussite d'une entreprise. Dans le cadre de l'exploitation artisanale de minerai d'avant la colonisation par exemple, les opérations furent exécutées suivant une organisation purement familiale ou clanique : «l'exploitation du minerai était un travail saisonnier. Elle se faisait vers le mois de mai et débutait dès que la récolte de sorgho était terminée. Tout le village se déplaçait vers les montagnes vertes, couvertes de malachite. Le chef et le prêtre invoquaient les mânes des mines pour obtenir que la campagne soit la plus fructueuse possible. Ensuite, on se mettait au travail. Les femmes et les enfants récoltaient le minerai à fleur de sol. Après ce travail minier, venait la métallurgie ; vingt à trente fours étaient alors construits. Un maître fondeur, légataire d'antiques traditions et initié suivant des rites sévères était attaché à chacun de ces fours comme responsable des opérations. A ce niveau l'organisation du travail n'est plus purement familiale ou clanique. Elle devient corporative. Ce sont des corporations semblables à celles qu'on a connues en Europe pendant la période préindustrielle, avec des maîtres, des compagnons, des apprentis, un code, un statut, des privilèges et des devoirs envers le seigneur» (Kalaba Mutabusha, sd., p.128)

En effet, de l'expérience des acteurs pratiques, il se dégage le constat selon lequel, «la mesure de la réussite d'une entreprise ne passe pas seulement par la sanction du marché (profits et pertes, faillite, croissance .....) ; mais aussi et surtout par la manière d'organiser le travail afin qu'il soit efficace». Généralement, trois principes sont à la base de l'organisation d'un travail efficace :- *la division du travail, - la construction des hiérarchies et l'organisation rationnelle du travail.*

a) *La division du travail* (spécialisation) : principe fondamental au point que l'ouvrage célèbre d'Adam Smith : «Recherches sur la nature et les causes de la richesse des nations» s'ouvre sur ces mots :

«Les plus grandes améliorations dans la puissance productive du travail et la plus grande partie de l'habileté, de l'adresse et de l'intelligence avec lesquelles il est dirigé ou appliqué sont dues, à ce qu'il semble, à la division du travail» (BIT., 1984, p.214).

Dans son analyse de la division du travail, Smith concentre son attention sur le fractionnement d'une production en série d'opérations que l'on peut exécuter isolément, c'est-à-dire sur ce qu'il est convenu d'appeler aujourd'hui la division technique du travail. A côté de cette dernière, se développe aussi la division sociale du travail qui ne vise pas tant à fractionner la tâche qu'à assigner telle ou telle tâche ou responsabilité à un individu qui est en mesure d'acquérir les qualifications et les connaissances nécessaires. «En choisissant de se spécialiser dans un métier ou une profession en particulier, le travailleur accroît sa compétence personnelle et son utilité pour l'entreprise» (idem, p.215).

Si, pour Karl Marx, la division du travail est le symbole d'une plus grande exploitation des travailleurs, Durkheim, quant à lui, comme pour appuyer A Smith, adopte une approche évolutionniste : La division du travail entraîne une hausse de l'individualisme qui est, par ailleurs, un facteur important pour la coopération et la construction de la solidarité organique.

Certes, sur terrain, les acteurs pratiques échantillonnés ont aussi prouvé leur capacité de s'organiser de manière à être efficaces. Chaque membre de la corporation, quel que soit son âge ou son sexe sait quand il faut intervenir, où intervenir et pour quel objectif il faut intervenir. C'est une véritable praxéologie entendue comme science de l'action efficace à laquelle on assiste sur terrain. Beaucoup d'unités de production, par exemple, sont constituées de deux catégories des membres : les uns sont liés entre eux par une parenté (solidarité mécanique), les autres par contre viennent en appui et sont intégrés sur base des compétences requises (solidarité organique). Il s'agit d'une cohabitation et de deux solidarités et non d'une évolution de l'une vers l'autre. Il se développe donc, au sein des groupes de travail, des affiliations sur le principe de Mark Granovetter appelé *la force du lien faible* : «l'action de l'individu dépend de l'insertion de ce dernier dans un réseau de liens personnels. Les liens faibles constituent des passerelles donnant accès à d'autres réseaux. (Il définit la force du lien à partir d'une mesure du temps partagé entre les individus, de l'intensité émotionnelle, l'intimité et la réciprocité. Un lien fort est défini par la mesure la plus élevée de ces variables). Ces types de liens jouent un rôle par exemple dans l'obtention d'un emploi, la diffusion d'une information ou des innovations, car les liens faibles jettent des ponts entre les réseaux» (Granovetter M., 2000, p.46). Il devient alors intéressant pour comprendre pourquoi les comportements des acteurs pratiques acceptent d'intégrer aussi les non membres de famille dans leurs activités, pourtant parentales dès leurs origines. Etant donné que les membres de la famille partagent le même champ d'expériences, il est toujours avantageux de recourir aux personnes extérieures qui vous apportent une autre manière de conduire les affaires ou alors de nouvelles connaissances et expériences.

b) Les hiérarchies

*L*es organisations modernes mettent un accent particulier sur les hiérarchies afin de contribuer à la coordination et à l'efficacité des actions entre l'administration d'une part et l'exécution d'autre part.

«A l'instar de la division du travail, la voie hiérarchique est si efficace qu'on la trouve, sous une forme ou sous une autre, dans presque toutes les entreprises. Elle a cependant ses limites, tout comme la division du travail. Une hiérarchie trop verticale ou trop rigide peut être cause d'inefficacité» (BIT, op.cit., p216).

Une hiérarchie verticale à l'excès augmente le nombre de surveillants pour un même effectif ; elle augmente les coûts d'exploitation ;

L'abondance des échelons hiérarchiques est une entrave à la communication entre les divers groupes de travailleurs, ce qui multiplie les pertes de temps et introduit des erreurs lorsque les messages passent par plusieurs intermédiaires ;

Si la pente de la pyramide hiérarchique est raide, cela peut signifier qu'un surveillant n'exerce pas son autorité sur tous les travailleurs qui se trouvent dans la même zone de travail et qui sont tenus à une collaboration réciproque – plus raide est la pente, plus exigüe est «l'aire d'autorité» de chaque surveillant.

Grâce à de petits nombres (4 ou 5) par équipe pour ceux qui sont dans l'exploitation minière artisanale, la pyramide hiérarchique est faiblement présente. De plus, celui qui est considéré comme chef d'équipe participe à la production comme les autres. Son seul rôle est d'organiser le travail, distribuer les tâches pour la journée et prendre contact avec l'extérieur le moment venu. Une telle organisation est moins frustrante et moins stressante. Elle a le grand avantage de prendre conscience à chacun de son rôle dans la chaîne de production, d'être responsable de ses actes car sa vie en dépend étroitement.

c) L'organisation scientifique du travail

Imaginée il y a un siècle par F.W.Taylor et ses disciples, l'Organisation Scientifique du Travail (idem, pp.217-218) repose sur les principes dont les plus significatifs sont les suivants :

Les ouvriers doivent être complètement coupés de la conception des méthodes de travail et de l'établissement des normes de production : aux gestionnaires, la fonction de réflexion ; aux ouvriers, la seule exécution des ordres ;

Chaque emploi doit être simplifié au maximum par la division du travail et la spécialisation, afin que soit réduit au maximum le temps de formation et faciliter le remplacement des ouvriers, et aussi pour que les salaires correspondent à un travail non qualifié.

Chacun des actes de l'ouvrier doit être défini en détail par ce que l'on a appelé «l'étude des temps et des mouvements» (plus communément dénommée aujourd'hui «étude du travail»).

Les ouvriers doivent être payés aux pièces selon un système à taux progressifs.

Ces principes dérivent d'une conception selon laquelle on demande à l'ouvrier d'appliquer sa force musculaire et pour qui l'argent est la seule motivation.

Au sein des pratiquants des activités de survie qualifiés, aussi des forces sociales marginales, enquêté(e)s, les choses ne se passent pas conformément aux principes évoqués ci- dessus. Pour les pêcheurs-commerçants, pour les creuseurs (exploitants artisanaux), pour les femmes du marché, ainsi que pour les commerçants ambulants, l'efficacité de leur organisation repose sur quatre grands principes : *Les types de liens sociaux entre membres de l'équipe, le nombre d'unités au sein de l'équipe, la permanence de membres au sein d'une équipe de travail et enfin, la division du travail.*

Pour illustrer ces quatre principes, nous prendrons les deux catégories d'auteurs qui ont des unités significatives : la catégorie des pêcheurs-commerçants, la catégorie des creuseurs ou exploitants miniers artisanaux.

Les types de liens sociaux entre les membres d'une équipe ;

Chez les creuseurs comme chez les pêcheurs-commerçants, les liens entre coéquipiers sont importants. Et ici, ces liens sont mixtes : liens de parenté et de coopération. Le travail dans ce domaine n'est pas uniquement confié aux étrangers dont on ne connaît pas les origines. Un mélange est toujours nécessaire. Les unités se fondent d'abord entre frères ou amis auxquels on associe de tierces personnes selon les compétences ou les apports techniques. Ce sont en fait des organisations basées sur des liens sociaux qui contrastent souvent avec les systèmes modernes de recrutement des travailleurs. On se recrute en famille et en dehors de la famille. «C'est une combinaison de la solidarité mécanique et de la solidarité organique». C'est ça qui crée la dynamique au sein de ces unités d'exploitation. L'entreprise n'est pas totalement dissociée de la personne du propriétaire. Il est dans l'entreprise et pour l'entreprise. D'où son soucis de ne pas faillir et de chercher toujours à aller de l'avant.

Le nombre d'unités composant l'équipe

Les équipes ne dépassent pas 5 unités pour les creuseurs et 4 unités pour les pêcheurs dans chaque barque. En d'autres termes, les unités de travail sont toujours petites afin de consolider la cohésion sociale et d'assurer la socialisation de chacun. Cependant, une faible hiérarchie existe avec un chef d'équipe ou un chef du trou (de la galerie) qui coordonne, oriente et prend des contacts avec l'extérieur. Le nombre restreint permet une communication facile et une convergence des forces. Il évite à l'unité de travail le phénomène de flânerie systématique qui s'observe souvent dans les grands ensembles.

La permanence des membres dans une équipe

Les équipes formées ont tendance à rester ensemble un peu plus longtemps dans l'exécution des tâches. C'est pourquoi ces différentes organisations laissent juste des orifices pour des entrées et sorties.

La division du travail

Chez les exploitants miniers, le travail se structure autour de quatre activités fondamentales suivantes : - Le creusage, - le tamisage, -le ramassage et enfin le *salisage.*

Le creusage : les creuseurs forent des galeries qui peuvent atteindre aisément 40 mètres de profondeur. Pour cela, il leur faut une barre à mine, une bêche, une torche, une bougie, une boîte d'allumettes ou un briquet. Cette activité prend plus de la moitié d'exploitants artisanaux.

Le tamisage : les tamiseurs sont ceux qui nettoient le sable ou le produit extrait des galeries pour y soutirer le produit à fournir sur le marché local. Ils ont besoin d'un tamis et de l'eau en permanence.

Le ramassage : les ramasseurs, eux, récupèrent les matières minérales jetées par les deux catégories précédentes. Il est vrai que les tamiseurs et les ramasseurs sont aussi considérés comme des conditionneurs. On trouve parmi eux, un nombre élevé d'enfants et de femmes.

Le «*salisage*» : Les «*saliseurs*», comme ils sont appelés dans ce milieu des exploitants artisanaux, auraient comme fondement conceptuel le terme swahili «*Kusaidiya*», c'est-à-dire aider. Ainsi, on peut considérer les *saliseurs* comme des aides, des secouristes. Ce sont eux qui transportent les produits creusés au dos ou à vélo des carrières vers les dépôts de vente ou les lieux de tamisage. Aussi, faute de moyens techniques adéquats, ils jouent aussi le rôle de chargeur – déchargeur dans les sites ou au niveau des entreprises.

Chez les pêcheurs, le processus est moins complexe car, durant la pêche au filet dormant par exemple, il y a celui qui dirige la barque (n°5 dans le langage local) ; et deux autres qui effilochent les poissons attrapés.

Toutefois, l'individu ne peut se spécialiser dans une seule tâche. Des rotations sont permises afin de permettre à chacun de maîtriser le processus de production et de se partager le degré de pénibilité inhérente à chaque tâche exécutée.

La capacité à innover et à s'imaginer des possibilités nouvelles en cas d'obstacles ou de difficultés

Le progrès scientifique se traduit dans un certain nombre de cas par des innovations effectives. Au sens économique du terme, une innovation est une idée nouvelle qui se concrétise par des applications commercialisées. Une invention non commercialisée n'est pas une innovation du point de vue économique et certaines innovations ne relèvent pas du domaine technologique proprement dit. C'est cela la différence entre invention et innovation.

«Ainsi la création des premiers «grands magasins «au XIXe siècle, en de grandes surfaces sont des innovations commerciales sans que l'on puisse parler de progrès technique. *La créativité,* c'est imaginer de nouvelles choses. *L'innovation*, c'est faire de nouvelles choses (...) » (Bremond J. & Gélédan, A., 1984, p.343). L'innovation est le fruit de la créativité. Elle se distingue de l'invention dans la mesure où elle est concrétisée par une réalisation. Elle se caractérise par les éléments ci-après : «elle n'est pas toujours rationnelle, elle n'est pas le fait d'un individu (entrepreneur schumpetérien), elle résulte généralement d'un acte collectif, elle n'est pas figée» (Mucchielli A., 1996, p.103).

Pour Schumpeter «l'innovation est la véritable justification du profit. Celui qui innove, stimule la croissance économique et reçoit en récompense le profit. Au fur et à mesure que le produit ou le procédé de fabrication se banalise, le profit se réduit. Le processus de destruction créatrice modifie constamment les structures de nos économies et stimule la croissance » (Bremond J & Geledan A, op.cit., p.349).

Dans le cadre de cette enquête, ce pilier aide à comprendre que l'accumulation n'est pas toujours une activité cumulative et n'est pas non plus toujours un objectif indispensable pour les forces sociales marginales. Et dans le cas précis des pêcheurs - commerçants, la loi d'accumulation composite du capital caractérise le procès de reproduction du capital au Luapula – Moëro. Tous les autres facteurs de production restant les mêmes par ailleurs, cette loi repose sur trois temps forts que connaissent les pêcheurs-commerçants dans le cadre de leurs activités :

- temps : période d'accumulation accélérée
- temps : période de stagnation
- temps : période de décroissance lente

«Il y a donc moyen de retenir que les indicateurs de reproduction du capital au Luapula-Moëro suivent trois périodes importantes :

- une période de croissance (0 à 9 ans) ;
- une période de stagnation (10 à 20 ans) ;
- enfin une période de décroissance (20 à 40 ans)

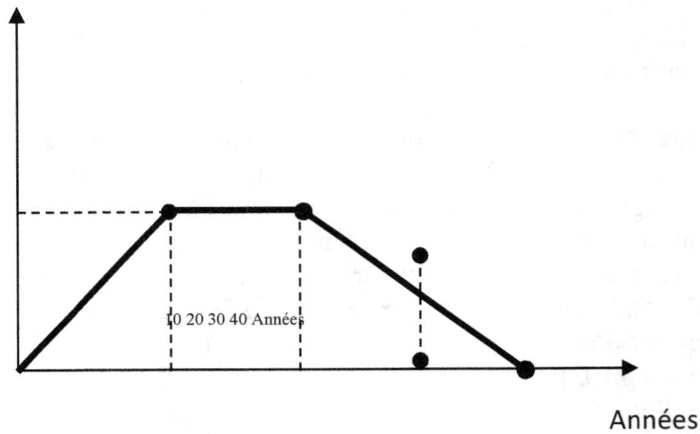

L'interprétation du graphique traduit l'idée selon laquelle tous les autres facteurs de production restant les mêmes, au lac Moëro, celui qui investit dans la pêche, doit changer ou diversifier ses activités au bout de 10 ans minimum ou 20 ans maximum, sinon il connaît la décroissance ou la décadence.

Pour éviter le 2° et surtout le 3° moment dans le procès d'accumulation, les pêcheurs-commerçants doivent innover, s'imaginer les possibilités nouvelles pour résister ou/et aller de l'avant (accumuler). Il se fait, cependant, que certains pêcheurs - commerçants n'arrivent pas à s'ouvrir à d'autres opportunités d'une part et d'autre part, la peur du changement hante dans la plupart des cas ces acteurs pratiques qui se sont déjà accoutumés à un certain modus vivendi. Faudra-t-il alors confirmer qu'au-delà de la survie, l'accumulation est fonction de la capacité à innover afin d'éviter la stagnation et plus tard, la décroissance lente des richesses accumulées ?

3.6 Le lieu de vente

La question de lieu de vente soulève trois autres problèmes : Le problème des moyens de transport et de l'état des routes, la distance à parcourir et les coûts de transport, le choix du canal de distribution approprié.

3.6.1 Le problème des moyens de transport et de l'état des routes.

La reproduction du capital ou accumulation exige la multiplication du nombre de rotations afin d'accélérer la reproduction du capital comme cela apparaît dans la formule : PLT= PL x nR. (Plus-value totale égale à la plus-value fois nombre de rotations). Il se fait, cependant, que les moyens de transport vers les lieux d'approvisionnement des marchandises de première nécessité se font rares suite à l'état des routes.

Plus le lieu d'approvisionnement s'est éloigné du centre de consommation et entravé, en plus, par l'état des routes, plus les producteurs auront à perdre beaucoup de temps pour écouler leurs marchandises. Une pareille situation affecte inéluctablement le processus d'accumulation. Or, les exploitants miniers et les pêcheurs-commerçants se trouvent toujours confrontés à ces problèmes parce que, soit éloignés des centres d'écoulement, soit encore que l'état des routes ne leur permet pas ou les moyens de transport font défaut. C'est la raison pour laquelle, les produits de première nécessité pourrissent dans nos milieux ruraux, alors qu'en ville la population meurt de faim. La monographie du Katanga a, d'ailleurs, démontré que «les pertes des produits vivriers occasionnées par les conditions impropres d'entreposage sont difficiles à cerner. Néanmoins, dans l'ensemble des produits de première nécessité, des pertes dues à la détérioration des conditions de stockage, au manque d'infrastructures de conservation et aux mauvaises conditions de transport sont estimées à 15 – 20% pour le manioc et 5- 10% pour l'arachide et le haricot» (Monographie du Katanga, 1998, p.198).

3.6.2 La distance et les coûts de transport (coûts de revient)

Plus le lieu de vente est proche du lieu de production ou d'achat, moins seront les coûts relatifs à la circulation des marchandises produites ou achetées.

Aussi, si le lieu de vente est enclavé et ne permet pas une visibilité des produits, ces derniers sont écoulés à un rythme qui ne permet pas la rotation du revenu réalisé.

A tout cela, il faut ajouter les frais de taxation qui sont inhérents aux espaces administratifs traversés par les produits lorsque la distance devient éloignée du centre de consommation.

Un pêcheur-commerçant qui prend ses poissons à Pweto, extrémité sud du lac Moëro, doit traverser le territoire de Kasenga avant d'arriver à Lubumbashi. Il aura à payer des taxes dans le territoire de Pweto (territoire d'origine de la marchandise), les mêmes taxes dans le territoire de Kasenga et enfin, les dernières taxes dans la ville de Lubumbashi. Parmi ces taxes, se comptent celles relatives à l'environnement ; - aux Entités Administratives Décentralisées (secteur et territoire) ;- celles de petites et moyennes entreprises et artisanales (patente) ; - le pont bascule, - le certificat d'achat et vente de poissons - chargement et déchargement ; - le dépôt. Les deux dernières taxes sont payées à l'arrivée ou au stockage des marchandises (poissons).

3.6.3 Le choix du canal de distribution approprié

«Le circuit de distribution ou canal de distribution est un itinéraire parcouru par un produit ou un service pour aller de la production à celui de la consommation. L'itinéraire d'un circuit de distribution est plus ou moins long et est composé d'un ensemble de personnes et d'entreprises appelées intermédiaires» (Conseil de la publicité, 1989).

Les données en notre possession montrent suffisamment que les produits des pêcheurs-commerçants vendus sur le marché passent entre les mains de plusieurs intermédiaires avant d'arriver dans la casserole du consommateur. Dès l'arrivée du pêcheur, les commissionnaires ou les femmes vendeuses du marché «Njanja» se ruent sur lui, paient les frais de transport et s'approprient la vente des poissons.

Quant aux creuseurs, la loi minière a pu créer aussi beaucoup d'intermédiaires empêchant ainsi l'exploitant minier de vendre directement à l'acheteur de son choix. L'exploitant minier artisanal n'a que des possibilités limitées tel que le stipule l'article n° 116 : «les exploitants artisanaux ne peuvent vendre leurs produits miniers qu'aux négociants, aux marchés boursiers, aux comptoirs ou organismes agréés ou créés par l'Etat. Ils peuvent également vendre leurs produits miniers aux artistes agréés par le ministère de la culture et des arts, dans les limites des autorisations visées à l'alinéa 2 de l'article 115 du présent code» (Règlement minier, 2003).

Or, plus il y aura d'intermédiaires, moins sera réalisé le profit, plus longtemps prendra le temps d'accumulation. Curieusement, la vente des produits primaires est souvent sous le coup d'intermédiations ruineuses.

Retenons, enfin, avec K. Marx que «la circulation ne profite à la société que si elle est indispensable pour faire parvenir la marchandise au consommateur. Tout détour, retard ou échange intermédiaire qui n'est pas absolument nécessaire à cet effet ou qui ne contribue pas à diminuer les frais de circulation devient nuisible à la richesse nationale, en élevant inutilement le prix des marchandises. La circulation est d'autant plus productive qu'elle est rapide, c'est-à-dire qu'il faut moins de temps pour débarrasser l'entrepreneur d'un ouvrage achevé qu'il met en vente et pour ramener vers lui le capital sous sa première forme» (Karl M., 1964, p.145).

La capacité à négocier avantageusement le prix des produits mis sur le marché

Ce pilier joue aussi un rôle important dans la recherche de la reproduction du capital et soulève un problème crucial de fixation des prix des marchandises. La littérature économique nous enseigne que les prix sont fixés selon les approches suivantes :

- *L'approche coûts, l'approche concurrence et, enfin, l'approche demande ;*
- *L'approche coûts*, intègre tous les coûts liés à la production de la marchandise : les coûts fixes qui ne varient pas avec le volume d'activités (loyers, charge, salaires) et les coûts variables

qui varient directement avec le volume d'activités (carburant, coûts des distributions...)

- *L'approche de la concurrence,*

La concurrence s'adresse aux forces poursuivant le même but. Le prix peut être relatif à celui du marché, selon le nombre de concurrents (faible, élevé) et la valeur perçue produite (faible, élevée).

- *L'approche de la demande*

L'offre est une fonction croissante du prix, alors que la demande en est la fonction décroissante. L'offreur possède un certain prix minimum en deçà duquel il ne peut pas céder sa marchandise, alors que le demandeur a un prix maximum au-dessus duquel il ne peut pas acheter un bien.

Il existe une certaine interdépendance entre l'offre, la demande et le prix, mais sans proportionnalité nécessaire entre les mouvements. Quand l'offre excède la demande, le prix tend à baisser et quand la demande excède, l'offre s'égalise à la demande. Ainsi, pour que les transactions aient lieu, la théorie soutient qu'il faudrait que la courbe de l'offre croise celle de la demande.

En ce qui concerne la présente étude, deux options se dessinent :

- Pour les produits manufacturés, la fixation de prix suit les préalables relevés ci-dessous Elle est fonction des réalités du marché, de la concurrence ou des coûts et c'est le vendeur qui fixe le prix en ayant surtout à l'esprit le seuil minimum infranchissable qui lui permet, à défaut de profiter même au minimum, de récupérer les dépenses engagées.
- Pour les produits primaires (non manufacturés), les principes théoriques de fixation de prix, tels qu'ils sont présentés, ont à peine leur place car plusieurs paramètres entrent en ligne de compte. Celui qui fixe le prix n'est plus le vendeur. C'est soit l'acheteur, soit l'intermédiaire. Le vendeur consomme le prix de l'acheteur qui prend toujours les allures d'un négociateur sympathique cherchant un compromis bénéfique aux deux parties, et malheureusement pour le vendeur cette mise en scène est toujours fonction d'un seuil dont seul l'acheteur détient le gouvernail.

Par rapport aux produits, on comprend vite que les produits manufacturés ont l'avantage de garder leurs valeurs marchandes, alors que les produits non manufacturés sont présentés sur le marché comme des produits sans valeur, négociables et échangeables sans tenir compte de la valeur y incorporée. C'est donc, tout le travail humain qui est dévalorisé sur le marché.

C'est encore là un processus de marginalisation des produits et des producteurs locaux sur le marché d'échange des biens.

Or l'accumulation ne peut être effective que quand on a la capacité de négocier le prix à des taux avantageux pour le producteur ou le vendeur. Faute de quoi, c'est la stagnation et plus tard, la décroissance des activités. Conclusion à laquelle est arrivée Alain Hart et compagnie lorsqu'ils parlent des prix dans le monde rural : «La politique des prix d'achat aux producteurs ne s'appuie pas sur une analyse de la rémunération du travail et des cours mondiaux de différentes productions. Ce sont les transporteurs, les intermédiaires, les fonctionnaires et les structures publiques qui profitent de la situation par leurs taxes et prestations» (Hafsi, T. et all., 2000, p.297).

Le choix raisonné et efficace dans l'affectation du revenu :

Selon les capitalistes rationnalisateurs, le revenu réalisé à la suite du processus de transformation de la plus-value se répartit en trois composantes :

- une partie pour l'achat des moyens de production matériels(C)
- une autre pour l'achat de la force de travail (V)

et une troisième destinée à la consommation personnelle du capitaliste (PL)

Si le revenu est affecté plus dans la consommation personnelle du capitaliste, il va de soi que l'accumulation cumulative soit négativement affectée. Si c'est l'achat de la force de travail qui consomme le profit, il est certes vrai que le procès d'accumulation aura à subir des coups fatals pour sa réalisation en tant que loi capitaliste. Cependant, si le fruit de l'échange est réinvesti, dans sa grande partie, dans l'achat des moyens de production beaucoup plus performants, le procès d'accumulation se réalisera et réalisera la reproduction capitaliste. Toutefois, il faut ici savoir que le système d'épargne a une influence capitale dans le réinvestissement. Ce système est totalement différent de tous les systèmes connus dans le monde moderne. Epargner avec assurance signifie, pour les exploitants miniers, pour les commerçants ambulants et les mamans du marché, acheter les produits de luxe ou d'équipement susceptibles d'être revendus au moment opportun afin de renforcer son capital ou accumuler par-dessus tout. Ce système est souvent visible dans la ville de Lubumbashi, par exemple, les individus achètent les parcelles à des endroits inhabités et les revendent à des prix exorbitants à chaque avancée des espaces d'habitations et des agglomérations. C'est un placement stratégique qui permet une accumulation des richesses. C'est une preuve de choix raisonné et efficace d'affectation de son revenu.

Pour terminer, retenons que les activités de survie considérées sont aussi à même de fournir de l'espoir pour un processus d'accumulation. Ce processus traduit, à travers les sept piliers qui ne sont observables et ne se matérialisent que dans un environnement précis, celui d'une société dont les caractéristiques fondamentales fondent une société à économie de contingence. C'est pourquoi il s'installe une dialectique entre les pratiques des acteurs (vision individualiste) et l'environnement dans lequel ils opèrent (vision holiste). En effet, ces actions pratiques, telles que décrites diversement, ne sont significatives que lorsqu'elles sont inscrites, c'est-à-dire *encastrées* dans leur contexte. Car chaque contexte répond à un ordre qui le gouverne et qui restitue la richesse de l'action menée, comme l'ont si bien décrit Boltanski et Thévenot à travers six modèles de cités (Levesque B. et all., 2001, p.108) :

Chronologiquement, disent-ils, «la première de ces cités est celle de l'inspiration. Formulée par Saint Augustin dans *la cité de Dieu*, la grandeur de l'inspiration y est désignée par le principe de la grâce qui fonde l'humilité. C'est par l'appel de la grâce qui libère de l'organisation de la cité terrestre, que les personnes sont amenées à suivre la voie de l'innovation radicale. Les principes de la cité domestique ont le mieux été développés par Bossuet dans sa politique tirée des propres paroles de l'écriture sainte. La grandeur domestique est décrite comme celle des personnes liées à une chaîne de dépendance personnelle à l'intérieur d'une position hiérarchique. C'est la grandeur de l'appartenance à une famille, une lignée ou une maison. La troisième cité est celle de l'opinion. Ses principes sont ceux qu'offre la conception hobbienne de l'honneur. La grandeur de cette cité se construit par la reconnaissance de la réputation ou de la renommée. En ce qui concerne la cité marchande, qui d'autre que A. Smith pouvait en avoir le mieux formulé les principes ? Ces principes, dont celui de la rivalité des personnes mues par le désir de posséder les mêmes biens rares, se trouvent moins dans ses Recherches sur la nature et les causes de la richesse des nations que dans sa Théorie des sentiments moraux. La cité civique, quant à elle, est au centre du contrat social de Rousseau. Son principe fondamental est celui de la convergence des volontés humaines vers le bien commun, à travers le renoncement des citoyens à leur singularité, à leur détachement des intérêts particuliers au profit d'un pouvoir souverain désincarné : La volonté générale. Finalement, les écrits philosophiques de Saint-Simon, tels que sa Physiologie sociale, fournissent les principes de la cité industrielle qui peut être caractérisée par les traits de l'efficacité et de la standardisation, imposées par une vaste machine organisée» (Levesque B. et all., op.cit., p108). Subséquemment à cette première réflexion, une autre est en train de naître autour d'une nouvelle cité en émergence, la cité du projet qui donnerait une signification nouvelle au monde connexionniste, le monde des réseaux. Fondé sur le principe de la participation conviviale et la prolifération des liens en réseaux que l'on retrouve, notamment dans le milieu des affaires et dans les entreprises.

«Dans cette cité, l'état de grandeur s'apparente à la capacité d'apprendre et à la polyvalence des personnes. Dans un monde où les technologies se renouvellent constamment, l'innovateur ou le chef de projet doit démontrer sa capacité à se connecter aux autres afin de mener à terme des projets délimités dans le temps» (idem, p.109).

Ces diverses constructions des portées philosophiques ont contribué historiquement à construire des économies (notion d'économie, prise dans le sens d'un ordre qui préside à la distribution de différentes parties d'un ensemble) de la grandeur ou de la mesure, simultanément présentes, qui permettent aux personnes de se repérer dans une situation, y compris dans celles liées aux activités économiques.

Seulement dans la présente approche, les cités ne sont pas vues sous leur dimension diachronique ; elles doivent être vues plutôt sous leur dimension synchronique c'est-à-dire en tant que cités appartenant à une formation sociale donnée : les cités qui s'articulent et se surdéterminent. De la sorte, «si l'ordre de la cité rend légitime une certaine mise en forme du monde par un principe supérieur commun, il suppose réciproquement que les personnes, pour se qualifier, devront toujours se justifier en s'appuyant sur la cohérence des dispositifs constituant le monde qui leur est commun» (idem, p.110). Faute de quoi, ces personnes se mettent en marge du principe surdéterminant qui gouverne la vie de la cité et, dans les cas précis, les activités économiques de la cité.

3.7 Conclusion

A la suite d'une période de salarisation de la société au sud Katanga, période correspondant à l'anéantissement de toutes les autres formes d'économie précapitalistes, et ce, grâce à son économie minière, le Sud-Katanga est passé, à cause de l'effondrement de l'exploitation minière, à une phase de désintégration, de dé-salarisation de l'espace économique. De plus, face à la pression démographique et à l'amélioration des techniques d'exploitation, l'emploi salarié continue à susciter beaucoup d'inquiétudes malgré le nombre d'entreprises qui naissent dans cet espace sud katangais.

Ainsi, le travail salarié est non seulement un facteur de production, mais aussi un support privilégié d'intégration au Sud Katanga. Sa déstructuration affecte inéluctablement les éléments de la structure qui en paient les frais, c'est-à-dire l'exclusion, la marginalisation.

Nous référant aux propos de R. Castel, rapportés par les auteurs de l'ouvrage *sciences sociales*, les exclus parcourent plusieurs *zones* dans lesquelles la cohésion sociale est d'intensité variable. (Beitonie, A. et all., 2000, p.342)

«Ainsi la première zone dite zone d'intégration se caractérise par l'association « travail stable – insertion relationnelle solide» ; la zone de vulnérabilité correspond à une situation intermédiaire, instable, conjuguant précarité du travail et «fragilité des supports de proximité» à ce niveau, la précarité du travail peut être compensée par une relative intégration dans le cercle familial par exemple) ; enfin, la zone de désaffiliation est la dernière étape du processus et se caractérise par une absence de participation à toute activité productive, sociale et à l'isolement relationnel. Dans cette dernière approche, l'exclusion apparaît comme le résultat de la remise en cause du salariat en tant que mode d'organisation sociale».

Il est certes question ici d'une exclusion sociale par le travail qui induit une désaffiliation n'entraînant pas nécessairement l'isolement relationnel de l'exclu. Car la désaffiliation présente est massive, collective, rendue normale par la force des choses. Elle crée un effet de composition dont la conséquence se traduit en des effets pervers pour la société. Les exclus conscients de leurs exclusions opèrent indifféremment, mais pour un objectif commun, l'inclusion coûte que coûte à la vie sociale par un travail rémunérateur. Il faut reprendre le processus, un retour vers la case de départ dans le processus nous proposé par R. Cartel. Il est question donc de partir de la zone de désaffiliation vers la zone d'intégration, passant par celle de vulnérabilité. C'est ce processus que tentent de réaliser une nouvelle fois ceux qui sont dans les activités de survie.

Notre préoccupation a été donc de découvrir si, au-delà de leur unité à lutter pour la survie, les acteurs pratiques dans leur diversité pouvaient passer au stade de reproduction du capital qui est un stade d'intégration dans une économie qui se doit capitaliste. A présent, l'on peut comprendre qu'en s'appuyant positivement sur les sept piliers ci-dessus dégagés, les exclus peuvent s'intégrer dans un travail stable et rémunérateur.

3.8 Références bibliographiques

Beitonie,A. et all.,(2000), Sciences sociales, Paris : Dalloz.

Brémond. J., Gélédan, A. (1984), «Dictionnaire des théories et mécanismes économiques», Paris : Hatier

Chalon, L. et Bolly, G. (1963), «Notions d'économie politique», Bruxelles : Vanderliden

Clerc, J.M., (1986), «Introduction aux conditions et au milieu du travail», Genève : BIT-OIT

Conseil de la publicité (1989), «Asbl : son rôle, sa structure, ses objectifs, ses activités», Bruxelles

Document de la Stratégie de Croissance et de la Réduction de la Pauvreté (DSRP/RDCongo), (2006), Kinshasa : Mirak impression.

Farganel, J.P. (1990), «Créateurs d'entreprise : votre stratégie marketing», Paris : organisation

Hafsi, T., et all. (2000), «La stratégie des organisations : une synthèse», Paris : Les éditions transcontinentales

Kalaba Mutabusha, G., Lubumbashi, le travail hier et aujourd'hui, Transformation du corps social urbain, In mémoires de Lubumbashi, Paris, L'harmattan

Karl Marx. (1964), «Fondements de la critique de l'économie politique», Paris : Anthropos, Tome II

Levesque, B. et all. (2001), « la Nouvelle Sociologie économique », Desclée de Brouwer

Mark Granovetter, M. (2000), « Le marché autrement », Desclée de brouwer

Monographie du Katanga, (1998), Lubumbashi, Division du Plan.

Mucchielli.A (1996), «Dictionnaire des méthodes qualitatives en sciences humaines et sociales», Paris : Armand Collin

Munkulu MBata, A. (2008), «Pratiques informelles et solidarité en Afrique», Paris : L'Harmattan

Nkuku Khonde, C, et Rémon, M. (2006), « Stratégies de survie à Lubumbashi (RDC)», Paris : L'Harmattan

Pavel R(1983), «Crises économiques du capitalisme contemporain», Paris : Agence Presse

Règlement minier, (2003), n°038/2003.

Rosa Luxembourg (1969), «L'accumulation du capital», Paris : François Maspéro

4 CHAPITRE IV : AGRICULTURE URBAINE: UNE STRATEGIE DE LUTTE CONTRE L'INSECURITE ALIMENTAIRE A LUBUMBASHI

Alex NYUMBAIZA TAMBWE

4.1 Introduction

L'argument défendu dans ce chapitre est que la crise économique qui débuta dans les années 70 et qui s'aggrava dans les années 90 constitue la pré-condition à l'émergence de l'agriculture urbaine dans la ville de Lubumbashi.

Selon le Programme des Nations Unies pour le développement (PNUD), plus ou moins 80 pourcent de Congolais vivent dans une pauvreté extrême (avec moins d'un dollar par jour), 71 pourcent souffrent de l'insécurité alimentaire, 57 pourcent n'ont pas accès à l'eau potable, et 54 pourcent ne bénéficient pas de services sanitaires de base (PNUD, 2006 : 3).

Etant à la fois une source de nourriture, de revenu et d'emploi, cette activité économique peut constituer une stratégie de lutte contre l'insécurité alimentaire qui sévit dans beaucoup de ménages à Lubumbashi.

Pour évaluer l'importance de cette activité comme une stratégie de lutte contre l'insécurité alimentaire, le chapitre commence par circonscrire le concept lui-même d'agriculture urbaine. Dans un second temps, l'historique de cette pratique est passé en revue en démontrant que l'agriculture urbaine est aussi vieille que la ville. Ensuite, le chapitre se focalise sur les facteurs de répulsion et ceux d'attraction ayant contribué à l'émergence de l'agriculture urbaine particulièrement dans la ville de Lubumbashi. Les caractéristiques sociodémographiques des agriculteurs urbains à Lubumbashi viennent par la suite. Pour être complet, ce chapitre explore aussi la division du travail au sein des ménages agricoles pour découvrir les rôles joués par chaque membre, les catégories socioprofessionnelles qui sont engagées dans la production agricole urbaine et l'objectif poursuivi par chacune d'elles, la distribution spatiale des ménages agricoles de Lubumbashi, ainsi que la pratique agricole proprement dite en mettant un accent particulier sur les espaces sur lesquels les activités agricoles s'exercent et les types de cultures pratiquées.

Un échantillon non représentatif a été tiré au moyen de la technique de boule de neige. Ainsi, 100 agriculteurs urbains ont été sélectionnés. Un quota de deux agriculteurs a été donné à chaque quartier. Cependant, aux quartiers où les activités agricoles ont été prédominantes, un quota de 3 agriculteurs a été donné. La ville de Lubumbashi compte 41 quartiers répartis dans sept communes.

Définition de l'agriculture urbaine

Tinker (1994) estime que ce n'est pas facile de définir les termes «urbain et périurbain». La raison est que la frontière entre le rural et l'urbain est difficile à établir. Aussi, les villes s'étendent davantage jusqu'à engloutir des villages existants dont les habitants continuent à pratiquer l'agriculture. Malgré cette difficulté, certains chercheurs ont tenté de définir le concept d'agriculture urbaine.

Pour Mbiba (1995:15), l'agriculture urbaine est la culture des plantes et l'élevage des animaux se pratiquant sur une terre qui, administrativement parlant et légalement, est située dans la zone urbaine ou périurbaine. Mougeot (1994) ajoute que la culture concerne les plantes alimentaires et non alimentaires, mais aussi l'élevage. Inspiré par Mougeot, Peter (2003), dans sa thèse de doctorat, utilise ce terme pour indiquer les activités situées dans les milieux, lesquelles concernent la culture des plantes, l'élevage des animaux en utilisant des outils, produits et services trouvés dans et autour de la ville. Les activités ci-après ont été identifiées comme relevant de l'agriculture urbaine. Il s'agit de: plantations, fruits, parcs, jardins, élevage des animaux, plantation de bois de chauffage et l'aquaculture.

C'est en 1996 que le Programme des Nations Unies pour le développement (PAM) va enrichir la définition de l'agriculture urbaine en prenant en considération la plupart des éléments et composantes, tels que la location (espaces urbains et périurbains), l'objectif poursuivi (consommation, vente), produits (nourriture principalement), rôles (alimentation, revenu et emploi) et le statut (légal et illégal). Ainsi, pour cette agence des Nations Unies, l'agriculture urbaine est une activité de production, de transformation et de commercialisation des produits agricoles et autres, qui se pratique sur l'espace urbain et périurbain, en appliquant des méthodes intensives de production (UNDP: 1996).

Pour ma part, j'utilise le terme agriculture urbaine pour me référer aux activités agricoles, telles que la culture des plantes, l'élevage, l'horticulture, l'aquaculture, etc. pratiquées sur les terres urbaines et périurbaines pour produire à manger, générer des revenus et obtenir de l'emploi.

Il y a lieu de signaler qu'en littérature francophone, le terme le plus utilisé est celui d'agriculture périurbaine pendant que la littérature anglophone préfère celui d'agriculture urbaine. Dans ce chapitre, le terme agriculture urbaine inclut l'agriculture périurbaine et intra-urbaine.

Historique de l'agriculture urbaine

L'agriculture urbaine est aussi vieille que la ville. Des évidences archéologiques ont révélé l'existence de la production agricole dans les milieux urbains depuis les anciennes civilisations (Mbiba 1995 ; Webb 1996 ; Lee-Smith et Memon 1994 et Mougeot 1994). Les Cités-Etats Grecs étaient autosuffisants en lait de chèvres et en huile d'olive pour l'éclairage domestique avec des schémas agricoles de drainage. Il y a plus de 4000 ans que des villes mexicaines de Ticoman et de Tilatoco s'adonnaient déjà aux activités à caractère agricole (Burland 1976 cité par Okike 2002).

Dans les pays occidentaux, le premier type d'urbanisation planifiée pour amener la population tout près de la nature fut créé au dix-neuvième siècle. La France, l'Allemagne, l'Angleterre et les Etats-Unis furent créés sur ce modèle (Madeleno 2002).

En 1980, un recensement eut lieu aux Etats-Unis d'Amérique qui révéla que 30% de l'approvisionnement alimentaire provenaient des centres urbains. Dix ans plus tard, un autre recensement révéla que cette valeur passa de 30% à 40%. Cette augmentation indique l'intensification des activités agricoles dans les milieux urbains américains.

L'agriculture urbaine s'est développée aussi dans d'autres pays de l'Europe, tels que l'Espagne, le Portugal et la Russie.

Il faut signaler que l'agriculture urbaine dans les pays en Occident a été d'abord une activité de survie quand bien même dans certaines circonstances, elle est devenue l'activité économique principale. Elle a débuté comme une simple activité consistant à faire pousser les légumes dans des pots, au balcon, au niveau de la fenêtre et derrière la parcelle. Devenue une source importante de nourriture, l'agriculture urbaine prit une ampleur considérable pendant les périodes de crise. Selon la Commission sur l'environnement et le développement durant la seconde guerre mondiale, les Etats-Unis d'Amérique développèrent «les jardins de victoire». Ceux-ci fournissaient plus de 40% de légumes frais. Pendant que l'Angleterre était assiégée, l'agriculture développée en villes aida le royaume à faire face à la crise alimentaire.

Au dix-neuvième siècle, la ville de Paris produisait annuellement plus de 100 000 tonnes de salades (Stanhil 1990 cité par Webb 1996 :1).

Présentement, certaines villes occidentales développent des jardins dans lesquels ils cultivent les légumes et élèvent la volaille et les petits ruminants. Et le rapport de cette Commission insiste sur le fait que cette agriculture vient en complément au maigre budget consacré aux besoins alimentaires des ménages nécessiteux.

Loin de disparaître, l'agriculture urbaine en Europe et en Amérique du nord est en train de diversifier ses fonctions. Devenue de moins en moins une source de nourriture et de revenu, cette pratique est devenue surtout une activité récréative. Pendant que cette activité agricole diversifie ses fonctions dans cette partie du monde, en Asie et particulièrement en Afrique, à cause du niveau élevé de pauvreté, elle demeure une source de nourriture et de revenu.

Dans leurs études respectives, Mougeot (1994), Tinker (1994) et Mbiba (1995) soulignent le rôle joué par le centre de recherche pour le développement international (CRDI). Ce centre de recherche canadien joua un rôle déterminant pour la promotion de l'agriculture urbaine. Toutefois, Mougeot prend Vannetier pour pionnier pour avoir introduit un nouveau champ d'investigation en Afrique sub-saharienne. En effet, ce chercheur mena une enquête sur la population de Pointe-Noire (Congo-Brazzaville). Celle-ci avait révélé que 16 500 personnes (soit 30%) de la population pratiquaient l'agriculture urbaine et périurbaine. Et parmi cette population, 4 500 étaient des femmes (1961).

Les années 80 marquent le début de recherches récentes sur l'agriculture urbaine. Après avoir reconnu l'apport de l'agriculture urbaine dans l'amélioration des conditions de vie de la population, le centre de recherche pour le développement international (CRDI) avait organisé un séminaire sur cette pratique à Singapour en mai 1983. Au cours de la même année, le CRDI avait initié sous la direction de Yue-man Yeung une étude dans six centres urbains au Kenya et qui avait été réalisée par l'Institut Mazingira de Nairobi.

Dans la seconde partie des années 80, ce centre finança des projets sur la production agricole dans certaines villes africaines, notamment au Kenya, en Tanzanie et en Ouganda (Mougeot 1994).

En République démocratique du Congo, il y a lieu de citer Bruneau et Bukome (1986) qui, dans leur étude sur la répartition spatiale de petites et moyennes activités économiques à Lubumbashi, révélèrent que l'agriculture urbaine était pratiquée dans 21 à 25% de parcelles de cette ville. On cultivait surtout le maïs, les haricots et les légumes. Cela était plus visible dans les quartiers moins urbanisés.

Vingt ans plus tard, Pierre Petit et une équipe de chercheurs de l'Université de Lubumbashi entreprendront de nouvelles études sur le même thème et constateront que la production agricole urbaine est devenue une activité économique dominante, et cela, par rapport aux autres activités de survie pratiquées dans la ville de Lubumbashi (Petit 2001).

Les facteurs de répulsion et d'attraction

Un bon nombre de facteurs expliquent l'engagement de la population de Lubumbashi dans la production alimentaire. On peut distinguer deux types de facteurs, à savoir les facteurs de répulsion et ceux d'attraction.

Par facteurs de répulsion, j'entends les facteurs qui poussent les individus et/ou ménages à quitter les activités économiques purement urbaines vers des activités à caractère agricole ou plutôt les combinent. En d'autres termes, un facteur de répulsion est celui qui oblige la population à abandonner ce qu'elle a toujours pratiqué comme activité au bénéfice d'une autre ou en y ajoutant une autre. Par contre, les facteurs d'attraction sont ceux qui attirent la population urbaine à pratiquer l'agriculture urbaine, et cela, compte tenu de son potentiel.

Facteurs de répulsion

Parmi les facteurs de répulsion qui ont poussé les habitants de Lubumbashi à s'engager dans la production alimentaire et l'élevage, il y a lieu de retenir la crise économique des années 70, les mesures d'ajustement structurel des années 80 imposées par la banque mondiale et le fonds monétaire international (FMI), la chute de la production de la Générale des carrières et des mines (Gécamines) dans les années 90 et depuis 1996, il y a eu des guerres civiles à répétition.

La combinaison de ces facteurs a eu, entre autres, comme conséquences un nombre de plus en plus élevé des chômeurs, une pauvreté rampante et une croissance démographique rapide. De plus, certains travailleurs, particulièrement ceux des services publics, tels que ceux qui relèvent de l'éducation, la santé, l'armée, la police, etc. et ceux des entreprises publiques et parastatales non seulement touchent des salaires de misère, mais aussi restent parfois sans salaire pendant plusieurs mois. Pendant ce temps, les prix des denrées alimentaires galopent. La recherche pour de nouvelles opportunités et alternatives s'impose.

Facteurs d'attraction

Etant une source de nourriture, de revenu et parfois de l'emploi, l'agriculture a attiré les gagne-petit, les sans emploi et les déplacés internes.

Pendant que, pour la majorité des individus et des ménages, l'approvisionnement alimentaire est la raison principale pour laquelle ils s'adonnent aux activités agricoles urbaines, pour d'autres, c'est générer de l'argent pour faire face à d'autres besoins.

Il doit être mentionné ici que la disponibilité des espaces vacants dans la ville, le soutien financier et matériel de la part de certaines organisations, particulièrement les organisations non gouvernementales et l'attitude positive affichée par la plupart des autorités municipales facilitent l'émergence de l'agriculture urbaine.

Le tableau ci-dessous résume les principaux facteurs de répulsion et d'attraction vers l'agriculture urbaine dans la ville de Lubumbashi.

Tableau1: Facteurs de répulsion et d'attraction dans la ville de Lubumbashi en rapport avec l'agriculture urbaine

Facteurs de répulsion	Facteurs d'attraction
La crise économique des années 70	Approvisionnement alimentaire Générer de revenu
Mesures d'ajustement structurel des années 80	Disponibilité des espaces vacants
Chute de la production de cuivre et de cobalt de la Gécamines des années 90	Soutien matériel et financier des ONG
Pauvreté (moins de 1 dollar par jour)	Attitude positive des autorités municipales
Crise alimentaire des années 90 Hausse des prix des denrées alimentaires Bas salaires Malnutrition Longues périodes d'impatiemment	Proximité avec le marché

Source: Recherche de terrain : 2004-2005

En parcourant ce tableau, il y a lieu de noter que les facteurs économiques, à savoir la crise pétrolière des années 70 suivie par les mesures d'ajustement structurel des années 80 et la chute de la Générale des carrières et des mines (Gécamines) dans les années 90 augmentèrent le taux de chômage et, par conséquent, la malnutrition et la pauvreté urbaine. Les chômeurs, ainsi que les gagne-petit trouvèrent refuge dans l'agriculture urbaine et périurbaine. Le potentiel que cette pratique présente, doublé de la disponibilité de la terre, du soutien des organisations non gouvernementales et de l'attitude positive affichée par les autorités municipales, encouragea les habitants de Lubumbashi à recourir à cette activité.

Caractéristiques socio-démographiques des agriculteurs de la ville de Lubumbashi

Afin de dégager les données à caractère démographique, des questions relatives au genre, âge et taille du ménage ont été posées. Concernant le genre, on a noté par exemple que les hommes comme les femmes pratiquent ce type d'agriculture. Cependant, il y a lieu de souligner qu'il y a plus de femmes (55%) que d'hommes (45%) qui s'adonnent à la production agricole dans la ville de Lubumbashi.

Selon la littérature sur l'agriculture urbaine, cette activité est considérée comme la réserve des femmes. Les femmes étant généralement liées à la catégorie de la population vulnérable, leur présence massive dans ce secteur est premièrement expliquée par leur manque d'instruction les privant ainsi des postes qui sont mieux rémunérés. Deuxièmement, les femmes sont supposées jouer des rôles traditionnels, notamment la reproduction et les travaux domestiques, lesquels malheureusement ne sont pas rémunérés. Troisièmement, la plupart des femmes n'ont aucun contrôle sur le revenu du ménage.

Le tableau ci-dessous révèle que la majorité d'agriculteurs de la ville de Lubumbashi se situent dans le groupe d'âge compris entre 34 et 55 ans (77% de l'ensemble de l'échantillon). Peu d'agriculteurs urbains sont dans la catégorie de plus de 55 ans d'âge (23%).

Depuis que les femmes vivent plus longtemps que les hommes dans un pays où l'espérance de vie n'est que de 49 ans, cette différence de 10% ne fait pas de cette pratique une réserve des femmes. L'idée derrière tout ceci est que cette activité est majoritairement pratiquée par les ménages à bas revenu. Les pauvres peuvent être majoritaires dans la production agricole urbaine, cependant, leur présence ne signifie pas que les ménages moyens et à haut revenu sont exclus.

Tableau2 : Groupes d'âge des agriculteurs urbains de Lubumbashi

Groupes d'âge	%
34-43	48
44-53	29
54-63	19
64 ans et plus	4
Total	100

Source: Recherche de terrain 2004-2005

Avec une moyenne de six enfants par ménage agricole, il a été noté que 29% de ménages interviewés ont moins de cinq enfants. Cela veut dire que 63% de ménages ont un nombre élevé d'enfants, variant entre cinq et plus de huit enfants. Le reste de ménages, c'est-à-dire 8% de l'échantillon sont sans enfants. Au nombre d'enfants, il faut ajouter les cousins, neveux, beaux-frères et belles-sœurs, etc. La taille du ménage peut s'élever jusqu'à dix membres.

Dans une enquête menée à Lubumbashi par l'équipe de Pierre Petit en 2001, un ménage de six membres dépensait plus de 60% du revenu pour couvrir les besoins alimentaires. Cela veut dire que plus grande est la taille d'un ménage, plus élevées seront les dépenses affectées à l'achat de la nourriture.

Les agriculteurs urbains ont été aussi interrogés sur leur niveau d'instruction. Et le tableau qui suit en dit long.

Tableau N°3 : Niveau d'instruction des agriculteurs urbains de Lubumbashi

Niveau d'instruction	Genre		%
	Mâle	Femelle	
Primaire	6	15	21
Secondaire	31	36	67
Supérieur/universitaire	8	4	12
Total	**45%**	**55%**	**100%**

Source: Recherche de terrain: 2004-2005

On peut conclure que les agriculteurs urbains à Lubumbashi sont inégalement répartis dans les trois niveaux d'instruction retenus. Un total de 79 agriculteurs sur les 100 interviewés est instruit. Parmi eux, 67 sont du niveau secondaire, tandis que 12 seulement ont le niveau supérieur/universitaire. Au niveau secondaire, il y a plus de femmes (36) que d'hommes (31) pendant qu'au niveau supérieur, c'est plus les hommes (8) qui sont plus nombreux que les femmes (4). Le nombre élevé de femmes instruites au niveau secondaire s'explique par la présence assez importante des femmes qui n'ont fait que deux ans d'études secondaires.

Par ailleurs, le nombre assez élevé d'agriculteurs urbains instruits de niveau supérieur est une indication que le taux de chômage en République démocratique du Congo est alarmant. Le manque d'emploi sur le marché pousse les intellectuels à entreprendre des activités autres que celles pour lesquelles ils ont été formés.

Division du travail au sein des ménages agricoles urbains

Les interviewés ont décrit le rôle joué par chaque membre du ménage en rapport avec la production agricole urbaine. Les parents sont les principaux acteurs, particulièrement lorsque la dimension du champ s'agrandit. Par contre, lorsque les champs sont encore petits (jardins), ce sont les femmes qui s'en occupent.

En dehors des parents, les enfants d'un certain âge sont impliqués dans le processus de production. Aussi, d'autres membres du ménage, notamment les grands-parents, tantes, oncles, neveux, nièces, cousins, etc. sont utilisés dans l'agriculture urbaine. Le rôle joué par cette dernière catégorie de membres du ménage peut être direct ou indirect. Ils sont directement impliqués dans le processus de production en préparant le terrain, en mettant sous terre les semences ou en vendant les produits agricoles. Et ils sont indirectement impliqués, par exemple les grands-parents, en s'occupant des plus petits lorsque les parents sont occupés aux jardins ou aux champs.

Par ailleurs, les ménages agricoles à revenu élevé emploient parfois leurs domestiques, gardes du corps et, quelquefois, recrutent des travailleurs agricoles pour la mise en valeur de leurs champs.

Catégories professionnelles des agriculteurs agricoles urbains

Les personnes qui ont été interviewées et qui sont impliquées dans les activités liées à l'agriculture urbaine appartiennent à diverses catégories socioprofessionnelles, notamment la police, l'enseignement primaire et secondaire, la fonction publique, les entreprises publiques et privées de la place, etc.

Seuls 23% ont l'agriculture comme unique activité pratiquée. Le reste d'agriculteurs sélectionnés, en plus de l'agriculture, ont un travail rémunéré ou encore pratiquent plus d'une activité informelle ou activité de survie. Pour cette catégorie d'agriculteurs, l'agriculture urbaine n'est qu'une activité de complément pour suppléer aux maigres salaires gagnés.

Toutefois, cette activité peut commencer comme un complément (jardin derrière la maison), mais devenir plus tard une activité principale pour le ménage compte tenu de ses bénéfices, c'est-à-dire comme source de nourriture et de revenu.

La pauvreté urbaine due à la crise économique a poussé des millions de personnes vivant en ville à s'adonner à la production agricole.

Distribution spatiale des ménages agricoles de Lubumbashi

Les ménages agricoles de Lubumbashi se répartissent dans trois types de résidence. Il s'agit de quartiers résidentiels, urbanisés et non urbanisés.

Tableau4 : Résidence des ménages agricoles de Lubumbashi

Type de résidence	Genre		%
	Mâle	Femelle	
Résidentiel	8	1	9
Urbanisés	11	22	33
Non urbanisés	26	32	58
Total	45%	55%	100%

Source: Recherche de terrain: 2004-2005

Le tableau (4) montre que quand bien même les ménages agricoles de Lubumbashi se retrouvent dans tous les trois types de résidence, la majorité d'entre eux, c'est-à-dire 58% habitent les quartiers non urbanisés, principalement la commune Annexe et une bonne partie des communes de Rwashi et Katuba. 33% d'agriculteurs habitent les quartiers urbanisés de la ville de Lubumbashi (Commune de Rwashi, Kampemba, Kamalondo, et Kenya). Il s'agit précisément des quartiers urbanisés, anciennement habités par les Noirs pendant la période coloniale. Juste 9% d'agriculteurs urbains habitent les quartiers résidentiels de la commune de Lubumbashi et le quartier Bel air de la commune Kampemba. Ce sont des quartiers anciennement occupés par les Blancs. Ils possèdent des infrastructures enviables, notamment de bonnes routes, des hôpitaux, des écoles, des complexes commerciaux et plusieurs entreprises.

Cette répartition spatiale prouve à suffisance que la majorité des ménages agricoles dans la ville de Lubumbashi sont ceux à revenu bas. C'est la raison pour laquelle ils habiteraient majoritairement dans les quartiers non urbanisés où le loyer coûterait moins cher. Aussi, dans les quartiers non urbanisés, il y a assez d'espaces vacants qui s'apprêtent bien aux activités agricoles.

Pratique agricole

Espaces de culture

La terre en ville n'est pas prioritairement destinée aux activités agricoles. Cependant, dans le contexte de pauvreté et d'insécurité alimentaire, les urbains utilisent toute terre vacante.

Tableau5 : Espaces de culture

Espaces de culture	Pourcentage
Parcelle seulement	17
Parcelle et périphérie de la ville	30
Villages environnant et Parcelle	23
Espaces vacants et Parcelle	30
Total	100

Source: Recherche de terrain: 2004-2005

Les jardins ou champs dans les communes de Lubumbashi, Kamalondo et une partie de Kampemba et Kenya sont moins visibles. La raison pourrait être la pauvre qualité du sol et le manque d'espaces vacants. Par contre, des vastes étendues où se pratiquent les activités agricoles sont bien visibles dans les communes de Rwashi, Katuba et Annexe.

Les espaces vacants ou ouverts le long des routes, en dessous de la ligne électrique, les écoles, l'université, et surtout les parcelles sont les plus exploités. Sur ces espaces, le maïs, les haricots, les patates douces et les légumes sont régulièrement cultivés.

Pendant la saison de pluie qui débute vers fin octobre et se termine généralement en mai, la ville de Lubumbashi devient véritablement une ceinture verte. Un peu partout, à l'exception du centre de la ville, légumes, maïs, haricots, patates douces et arachides poussent comme des champignons.

L'agriculture urbaine est l'activité dominante dans la commune Annexe, mais aussi dans certaines parties des communes, telles que Katuba et Rwashi. La spécificité de ces communes est qu'elles possèdent assez d'espaces ouverts ou vacants. Dans presque chaque parcelle de ces communes, on trouve au moins un petit jardin. Dans la plupart des cas, trois quarts des parcelles sont destinées aux activités agricoles.

Le campus de Lubumbashi, par exemple, est entouré par des champs de maïs, arachides et même des patates douces. Les étudiants tout comme d'autres catégories de la population pratiquent l'agriculture urbaine.

Le long du chemin de fer séparant la commune de Kampemba et celle de Kamalondo, des individus s'adonnent à la production agricole. Dans la commune de Kamalondo, particulièrement dans le petit camp de la police, l'avenue qui sépare le camp du reste de la commune est transformée en un espace sur lequel les femmes des policiers cultivent des amarantes et patates douces.

La dimension des champs et/ou jardins dépend de l'endroit où ils sont localisés. Les champs se trouvant à la périphérie de la ville sont beaucoup plus vastes que ceux situés le long des routes ou du chemin de fer, par exemple. Aussi, les champs à caractère commercial sont plus visibles le long de la route reliant Lubumbashi à Kasumbalesa.

Il peut être constaté que certains agriculteurs urbains exercent leurs activités dans différents endroits: la parcelle et la périphérie de la ville. La périphérie en question fait partie de la commune Annexe. Les individus et ménages pratiquant les activités agricoles dans la commune Annexe ne sont pas nécessairement ceux habitant dans cette commune quand bien même la majorité d'entre eux en soient résidents. Les habitants des autres communes de Lubumbashi sont attirés par la disponibilité des terres.

Cultures pratiquées

Les agriculteurs de Lubumbashi pratiquent plusieurs types de cultures: le maïs, les patates douces, les haricots, les arachides, surtout les légumes. Il y en a qui élèvent les chèvres, les moutons, les porcs et la volaille.

Le maïs et les légumes sont les plus cultivés. La préférence pour la culture de maïs peut être expliquée par le fait que la farine de maïs est l'aliment de base des habitants de

Lubumbashi. Les légumes jouent un grand rôle dans l'alimentation des habitants de Lubumbashi.

Selon la littérature sur l'agriculture urbaine (Maxwell 1994, Freeman 1991, Mbiba 1995, Moustier et David 1997), la plupart des villes africaines cultivent le maïs, le manioc, les patates douces, les haricots, les arachides, etc. Aussi, les légumes et les arbres fruitiers sont plantés. Ces villes élèvent les petits ruminants, porcs, chèvres, moutons, volaille, etc.

Selon la direction provinciale de la FAO Katanga, les habitants de la ville de Lubumbashi sont devenus autosuffisants en légumes. Ils n'importent plus les légumes de la Zambie comme ce fut le cas dans le passé. Les légumes sont cultivés tout au long de l'année. Durant la saison de pluies par exemple, les feuilles de manioc, celles de patate douce, les amarantes et autres types de légumes sont cultivés. Pendant la saison sèche, c'est beaucoup plus les choux qui sont cultivés.

4.2 Conclusion

Dans le contexte d'un Etat faible caractérisé par une économie fragile, l'économie informelle peut constituer une réponse à l'insécurité alimentaire à certaines conditions. La pratique de l'agriculture urbaine a permis à tous les ménages agricoles sélectionnés d'être autosuffisants en légumes.

Une sécurité alimentaire temporaire en farine de maïs a été observée dans certains ménages agricoles, particulièrement pendant la période de la récolte. Cette sécurité alimentaire peut durer trois à quatre mois. Pendant cette période, les ménages se permettent deux à trois repas par jour. Par conséquent, l'agriculture urbaine peut devenir véritablement une réponse à l'insécurité alimentaire si les conditions de disponibilité des terres, de financement et de protection de cette pratique sont réunies.

4.3 Références bibliographiques

Bruneau, J.C. et Bukome, L. (1987). «La répartition spatiale de petites et moyennes activités économiques à Lubumbashi». Bulletin de la société géographique de Liège 22(23) 79-97

Freeman, B.D. (1991). A city of farmers. Informal urban agriculture. Montréal: Mc Gill-Queens University Press

Lee-Smith, D. and Memon, A.P. (1994). "Urban agriculture in Kenya". In Eds. Egziabher, G.A. et al. Cities feeding people. An examination of urban agriculture in East Africa. Ottawa: International development research centre (IDRC).

Madaleno, I.M. (2002). Cities of the future: urban agriculture in the third millennium. Online: htt://www.fao.org/docrep/004/Y1931M/Y1931/n03.html=PO-O accessed in May 2005

Maxwell, D.G. (1994). Internal struggles over resources. External struggles for survival. Urban women and subsistence household production. Toronto: Associations africaines

Mbiba, B. (1995). Urban agriculture in Zimbabwe. Implications for urban management and poverty. Harare: Avebury Ashgate Publishing limited

Mougeot, L.J.A. (1994). "African city farming from a world perspective". In Eds. Egziabher, G.A. et al. Cities feeding people. An examination of urban agriculture in East Africa. Ottawa: International development research centre (IDRC).

Moustier, P. and David, O. (1997). "Etudes de cas de la dynamique du maraîchage périurbain en Afrique sub-Saharienne» Document FAON-DT/02/96, Projet approvisionnement et distribution alimentaire des villes d'Afrique francophone, Rome: FAO

Okike, L. (2002). "Socioeconomic implications of emerging urban food production systems". In Eds. Akanbamijo, O.O. et al. Advances in crop-livestock integration in West African cities. Ottawa: International development research centre.

Peter, G. (2003). Urban agriculture in Manzini, Swaziland. MA, Dissertation, Johannesburg, University of the Witwatersrand

Petit, P. (Ed.). Lubumbashi: la situation des ménages dans une économie de précarité. Rapport des recherches effectuées durant

la première session de travaux de l'Observatoire. Lubumbashi: Observatoire du changement urbain.
Tambwe, N, Rudolph, M, and Greenstein, R (2011). "Instead of begging, I farm to feed my children: Urban Agriculture-an Alternative to copper and cobalt in Lubumbashi", Africa 81(3), 391-412
Tinker, I. (1994). "Urban agriculture is already feeding cities". In Eds. Egziabher, G.A. et al. Cities feeding people. An examination of urban agriculture in East Africa. Ottawa: International development research centre (IDRC).
United Nations of Development Program (1996). Urban agriculture: food, jobs, and sustainable cities. UNDP, Publication series for Habitat II, Vol1, UNDP: New York
-------------- (2006). Report 2006. Case study: Democratic Republic of Congo. UNDP. Washington DC
Vannetier, P. (1961). « La vie agricole urbaine à Pointe-Noire », Cahiers d'Outre-mer, 14(153), 60-64
Webb, N. (1996). Urban agriculture: advocacy and practice. A discursive study with particular reference to three Eastern Cape Centres, Thesis, Rhodes University.

5 CHAPITRE V : LA CARTE SCOLAIRE POUR UNE EDUCATION SOUTENUE AU DEVELOPPEMENT DE LA COMMUNE ANNEXE

Alphonse KASONGO NKULU KIMBALAMA

5.1 Introduction

Au cours du XXIème siècle, et pendant ce moment où surtout les pays en développement cherchent à se reconstruire, la République démocratique du Congo doit se doter d'un plan éducatif qui puisse permettre l'encadrement efficace de l'homme dès son enfance. Car il est le déterminant fondamental du développement économique d'un pays. C'est lorsque l'individu est lui-même suffisamment mieux développé qu'il peut transférer ses capacités sur le développement et le progrès de sa société.

Ainsi, l'enseignement doit-il partir de l'enfant, connaître ses besoins, mettre en action ses ressources personnelles. Il doit respecter sa nature propre sans vouloir ni anticiper son évolution normale, ni brûler les étapes de sa croissance afin de cheminer dans le sens où le poussent ses aspirations. C'est l'école qui est le milieu bien indiqué pour un encadrement dans cet ordre.

5.2 Motivation de l'étude

A ce début du XXIème siècle et de la troisième République, il souffle, en République démocratique du Congo, un courant politique démocratique, ainsi qu'une aspiration aux changements susceptibles d'insuffler une amélioration qualitative et quantitative des conditions existentielles de tout le peuple congolais. Le souci de la restructuration est devenu un prétexte de mobilisation de toutes les forces vives du pays. Une prise de conscience de nos réalités s'avère indispensable pour un développement harmonieux. Pour y parvenir, il faudrait, avant tout, extirper certains paramètres internes pouvant nous enfoncer davantage dans les ténèbres. Il s'agit de :

- Ecole ;

- Santé et énergie ;
- Emploi ;
- Route ;
- Conditions socioéconomiques de la population congolaise, etc.

Parmi ces secteurs, l'éducation scolaire intéresse particulièrement cette étude.

Dans cette recherche du changement, le rôle à jouer par les différentes couches de la population est presque déterminant. Et la contribution de l'homme formé, de l'intellectuel en sa qualité d'éclaireur dans ce processus de la reconstruction nationale et de satisfaction des besoins de différents membres de nos sociétés respectives est nécessaire. L'école doit et devra également jouer son rôle primordial qui est la reconstruction de l'homme et de la société congolaise. Mais l'école congolaise actuelle pose certains problèmes lorsque nous voulons qu'elle contribue réellement au développement de la République démocratique du Congo. Parmi ces problèmes, l'on peut citer :

- L'insuffisance d'infrastructures scolaires et leur capacité d'accueil ;
- Le manque d'équipements et de matériels didactiques appropriés ;
- L'augmentation incessante des Frais d'Intervention Ponctuelle instaurés ;
- La non-subvention des écoles ;
- L'absence d'une politique de planification et de contrôle lors de la construction des écoles privées.

La République démocratique du Congo, lors de son accession à l'indépendance en 1960, avait une population largement inférieure à celle qu'elle enregistre aujourd'hui 53 ans après. Le champ des besoins éducatifs et la manière dont il convenait d'y répondre étaient proportionnels à l'effectif des enfants scolarisables également réduit.

Les écoles en surnombre recevaient moins d'enfants que prévus. Elles étaient créées et construites suivant les besoins et les réalités socioéconomiques de cette période : la densité et la superficie des anciennes communes, telles circonscrites par les autorités coloniales. C'est dire que les jeunes de cette époque ne recevaient pas toutes les informations indispensables à leur ouverture. Or, l'information est, à notre avis, la base de tout progrès et développement d'un peuple. L'école, à travers ses programmes, reste le milieu favorable et indispensable d'ouverture. Car l'exploitation repose sur l'ignorance.

L'information constructive est reçue généralement à l'école, celle-ci étant construite selon les normes pédagogiques et démographiques adéquates pour assurer l'accueil normal de la population scolarisable. Cette dernière est relative à l'augmentation de la population en général, qui connaît actuellement une croissance rapide.

Mais l'Etat congolais, garant de l'éducation nationale, n'a ou ne construit plus d'écoles. L'initiative est laissée au privé. Seules les tierces personnes se lancent soit à construire, soit et surtout à réaménager certains édifices et bâtiments résidentiels et de commerce, les transformant en écoles sans aucun respect des normes y afférentes. Le choix d'options à ouvrir est au grès de l'initiateur.

C'est ainsi que le déséquilibre dans l'implantation des écoles se dessine. Bref, la cartographie des écoles n'est plus respectée. Elle n'offre plus d'une manière équitable à tous les enfants scolarisables, à tous les adolescents, voire les adultes, la possibilité d'atteindre un niveau d'instruction satisfaisant, de s'y maintenir et aussi de doter le pays des qualifications dont il a besoin pour se reconstruire et se développer.

A ces quelques réalités retenues, il faudrait ajouter la dégradation des infrastructures tant publiques que privées. Il se pose de sérieux problèmes d'équipements et de matériels didactiques dans quelques écoles périphériques, parfois même dans celles qui sont installées au centre de la ville de Lubumbashi. Certains écoliers suivent des enseignements à même le sol, les fournitures scolaires sont presque inexistantes. Les conséquences de cette situation sont manifestes.

Il existe des enfants qui ne vont pas à l'école et qui constituent des éléments dangereux sur le plan social, économique et culturel. Une autre conséquence est la démobilisation de l'apprenant et de l'enseignant qui, mal payé, utilise des mécanismes de survie non admis dans la société. Les classes sont surpeuplées de telle manière que le contrôle n'est plus possible.

Cela pose un problème de conscience aussi bien à l'enseignant qu'aux parents des élèves.

En effet, devant la dégradation ou mieux l'état de délabrement autrement avancé de notre enseignement, il y a lieu de se demander ce que nous devons faire pour emmener ce domaine, mieux ce facteur de développement, à sortir de son état moribond afin de le conduire en une véritable machine au profit de la reconstruction nationale que la classe politique prône.

Il est, à l'heure actuelle, nécessaire de nous interroger de la réalité sur les problèmes de l'implantation des écoles secondaires et de la scolarisation des enfants. Les analyses nous permettront de savoir dans quelles conditions ces enfants étudient pour que nous puissions espérer d'eux un concours dans la bataille de la reconstruction du pays ou mieux du développement national.

La jeunesse d'aujourd'hui constitue la nation de demain, dit-on. Doter cette jeunesse d'une formation solide, donc de bonnes écoles, c'est garantir la nation congolaise contre l'ignorance. Car cette dernière est une maladie dont les effets dans la perspective du progrès et de l'épanouissement humain et des communautés limiteraient les possibilités d'une bonne redistribution du patrimoine culturel.

5.3 Nécessité de l'alphabétisation et utilité de la carte scolaire

Il est vrai que l'instruction est très importante. Car elle est un des éléments pour matérialiser le développement et qu'il est impossible de sortir du sous-développement sans parler de l'éducation. Julius Nyerere (2000, p.8) le confirme à travers sa pensée : «L'éducation n'est pas une manière d'échapper à la pauvreté, mais une manière de la combattre». C'est dire qu'un pays sans éducation, sans écoles, surtout les bonnes, est un pays appelé à disparaître.

C'est dans cette perspective qu'il est indispensable d'élaborer une politique d'éducation qui engendrera par la suite un progrès de la communauté. Elle accomplira un travail remarquable et efficace dans la lutte contre quelques ennemis les plus tenaces et les plus dangereux de l'homme, à savoir l'analphabétisme et la sous-scolarisation susceptibles de régresser un pays.

La théorie des investissements humains n'a rien de semblable. Elle fait prévaloir l'importance de l'instruction et de l'éducation dans la bataille contre le sous-développement, d'autant plus que le degré de l'instruction d'un peuple est un indice qui détermine relativement bien ses possibilités de se battre valablement pour maîtriser la nature. Ainsi l'alphabétisation et/ou l'instruction constituent-elles un important facteur de développement.

A la lumière de ce qui précède, nous pouvons dire que cette théorie nous renseigne qu'une nation qui veut réussir dans l'avenir doit nécessairement investir dans la formation de la jeunesse, formation dans l'école. Celle-ci est une moule de référence, par excellence, du façonnage de l'homme qu'il faudrait pour le développement d'un pays.

J. Goffaux (1986, p.64) appuie cette idée lorsqu'il affirme : «La scolarisation constitue un facteur déterminant de progrès parce qu'elle éveille l'esprit des enfants et ouvre aussi leurs horizons au développement d'une mentalité logique et rationnelle pouvant leur permettre de maîtriser le milieu ou la nature d'une manière solide».

Dans le cadre de notre étude, l'investissement humain ou mieux la théorie y relative nous servira d'exploitation dans la mesure où il est difficile de former une élite dans les écoles délabrées, mal construites, sans matériels didactiques suffisants, et dont les facteurs de gestion ne sont pas mis dans les conditions qui puissent permettre à l'école d'atteindre son objectif.

La reconstruction nationale appelle beaucoup d'actions, elles-mêmes basées sur une volonté politique réelle et réaliste. Les actions éducatives qui procèdent de la logique de mobilisation pour soutenir les changements, y compris celui de la mentalité, posent leurs préalables qui sont :

- L'amélioration de la gestion de l'école ;
- L'amélioration des conditions de travail ;
- La fixation des objectifs des phases d'éducation ;
- L'élaboration du projet de société ;
- Le choix d'un type viable d'enseignement à donner ;

- La circonscription de la capacité d'accueil, des infrastructures scolaires ;
- La détermination des ressources humaines et matérielles disponibles.

Le respect de la carte scolaire s'impose étant donné qu'elle reste un instrument fiable qui conduira vers une articulation des réseaux scolaires de différents niveaux et types d'enseignement. Elle devra être faite en fonction des besoins, des objectifs et des caractéristiques économiques propres de chaque contrée. Notre étude se fonde davantage sur l'aspect démographique et, particulièrement, sur la croissance démographique qui occasionne une demande en éducation.

Le rôle de la carte scolaire est primordial dans toute tentative de réforme des systèmes d'éducation. Et pourtant, jusqu'ici, les différentes réformes opérées sur le système d'enseignement congolais légué par la colonisation n'ont visé que les objectifs suivants : rendre l'enseignement plus productif, plus opérationnel et augmenter le volume des matières à enseigner. Il est à croire que c'est une façon raisonnable de répliquer aux insuffisances qui caractérisaient le système d'enseignement colonial.

La déficience du système d'enseignement dans les pays en voie de développement est, de fois, due à l'ignorance ou à la négligence de la conception de la carte scolaire. Les écoles s'implantent au gré fantaisiste des initiateurs pour soi-disant parer aux difficultés socioéconomiques qu'éprouve le pays, la République Démocratique du Congo. Elles devraient normalement représenter une réaction aux faiblesses et aux insuffisances des écoles publiques de l'ordre de l'éducation formelle. Elles poursuivent, au contraire, les intérêts mercantilistes de leurs initiateurs ou promoteurs. La conséquence est que la société continue à se plaindre du fait que l'école ne parvient toujours pas à résoudre ou trouver des solutions aux maux dont elle souffre. Cette école est restée dans le système classique. L'une des causes en est que la création des écoles est actuellement l'initiative des personnes privées qui, pour la plupart, ne poursuivent pas les besoins réels de la communauté. Et pourtant, elle devrait être surtout l'initiative du pouvoir public avec une redistribution spatiale équilibrée des écoles.

Aimé Damiba (cité par Unesco, 1985, pp.299-314), dans son article «Le rôle de la planification dans l'élaboration et la mise en œuvre de la réforme éducative en Haute-Volta», insiste sur la nécessité de la carte scolaire dans la mise en œuvre des objectifs de la réforme. Le processus d'une réforme de l'éducation exige l'établissement de la carte scolaire. L'objectif de son article consistait à «lier éducation et production» de façon qu'une unité d'enseignement soit une unité de production. C'est dire, le produit fini de l'école, à partir du secondaire, doit être capable de participer activement au développement socio-économique de la communauté où l'école est implantée.

Dans le cas de notre pays et particulièrement à Lubumbashi, avec le système des Frais d'Intervention Ponctuelle (F.I.P.), il se dégage une tendance selon laquelle les écoles se créent maintenant suivant cette répartition géographique du niveau de revenu. Et la plupart des écoles se concentrent dans les quartiers où les habitants ont relativement un revenu élevé. Les quartiers occupés par de nombreux habitants pauvres sont presque oubliés ou défavorisés.

En 2001, l'UNICEF a organisé des enquêtes en République démocratique du Congo et les a publiées en 2002 sous le titre «Enquête nationale sur la situation des enfants et des femmes. MISC 2/200». Le rapport d'analyse constitue un condensé des effets parmi tant d'autres, de la croissance démographique. Les enquêtes relèvent des résultats trouvés dans le secteur de l'éducation sur la scolarisation des enfants congolais et l'alphabétisation. Le domaine de la santé, de la fécondité et reproduction n'a pas été oublié.

Ainsi faudrait-il trouver à l'école, des solutions plausibles qui puissent lui permettre d'accomplir avec efficacité cette noble mission de sauvetage. Il s'agit, entre autres, d'une redistribution spatiale équilibrée en fonction des besoins exprimés et latents de la population.

L'inefficacité de l'enseignement découle de nombreuses carences dont la non-conception de la carte scolaire ou d'une implantation déséquilibrée de certains établissements scolaires. Le rendement des élèves en dépend dans une certaine proportion.

La spécificité de notre étude réside dans la considération des aspects pédagogiques et démographiques reliés au secteur de l'éducation. Nous nous sommes attelé à saisir l'influence des éléments de la carte scolaire dans l'implantation d'un réseau d'écoles dans la Commune Annexe qui, est une ceinture de la ville de Lubumbashi.

La présente préoccupation est d'inciter les autorités scolaires et tout partenaire à l'organisation d'une couverture scolaire équilibrée dans la ville de Lubumbashi, et singulièrement dans la Commune Annexe.

5.4 Utilité de la carte scolaire

La carte scolaire se présente comme une stratégie réfléchie de la distribution et de la couverture scolaire qui satisfait convenablement à l'accroissement de la demande d'éducation dans une zone géographique

Le rôle de la carte scolaire est, d'une manière éparpillée, entamé dans les différentes parties déjà écrites.

Pendant la période des inscriptions, plus d'une famille s'interrogent généralement pour savoir vers quel établissement secondaire seront orientés leurs futurs élèves du secondaire. La réponse serait, en fait, tout simplement l'institut ou le complexe scolaire dont chaque famille dépend d'après la carte scolaire si elle existe et si elle est respectée. Car les autorités de la division provinciale ou de la sous-division de l'Enseignement Primaire, Secondaire et Professionnel, y compris les inspecteurs qui ont, tous, la compétence de la carte scolaire devraient, au préalable, définir le périmètre de recrutement de chaque établissement. Cette option est fonction de certaines orientations générales arrêtées par les instances supérieures de l'enseignement ou de l'éducation.

Mais alors, à quoi sert la carte scolaire élaborée ?

La carte scolaire a une utilité indéniable dans le processus de l'éducation. C'est un outil prévisionnel pour l'éducation en ce sens qu'elle vise à faciliter la réalisation des objectifs fixés en matière de l'éducation dans un pays. Concrètement, c'est la carte scolaire qui permet de gérer les flux d'entrées et de sorties des élèves et de prévoir les ouvertures ou les fermetures possibles, voire la reconversion des sections ou des classes organisées dans un établissement scolaire. Elle réglemente les types d'enseignement en fonction des ressources matérielles et humaines disponibles et des besoins socioéconomiques du pays ou de la zone dans laquelle sont construites les écoles.

C'est pour cette raison que Le Thânh Khoi (1981, p.216) évoque le but suivant : «La carte scolaire est destinée à comparer les variations géographiques de scolarisation ou de rendement scolaire à l'intérieur d'un Etat ou ces mêmes variations à deux périodes différentes. Cette comparaison a, elle-même, pour but de remédier aux disparités, en construisant des écoles où la population n'en a pas suffisamment»

La carte scolaire est donc un instrument qui établit l'équité des chances devant l'éducation en offrant presque les mêmes conditions d'accès à l'école.

D'une manière générale, l'enseignement primaire et secondaire, dans le milieu urbain et rural, est caractérisé actuellement par ces quelques attributs :

- Absence d'infrastructures scolaires viables ;
- Impaiement et/ou paiement irrégulier du personnel enseignant ;
- Echecs scolaires ;
- Déperdition scolaire accentuée, l'abandon ;
- Instauration des Frais d'Intervention Ponctuelle ;
- Emergence des écoles privées ;
- La quasi-inexistence des écoles professionnelles et des centres de formation des jeunes ;
- Baisse du niveau d'enseignement.

Ces indicateurs ont des répercussions sur la société et les conséquences sociales s'ensuivent :

- Persistance de l'analphabétisme et de la déscolarisation ;
- Augmentation des enfants de la rue ou en situation difficile ;
- Recrutement des enfants d'âge scolaires et des jeunes non scolarisés dans le travail ;
- Incorporation et enrôlement des enfants dans l'armée : Enfants soldats ;
- Banditisme, vol ;
- Persistance de la famine.

Au regard de ce relevé d'indicateurs socioéconomiques et politiques, non exhaustif, il est sans conteste établi que la restauration en ces lieux, surtout dans la commune Annexe, des actions de développement devient une nécessité indéniable. Le gouvernement auquel la charge incombe en premier lieu, les organisations non gouvernementales nationales et internationales, les tierces seraient le leitmotiv. La création des écoles secondaires est une des actions de développement, non de moindre importance.

L'intérêt est porté singulièrement à la situation scolaire d'une entité administrative de la ville de Lubumbashi dénommée commune Annexe. Cette dernière, étant en extension, connaît un élargissement de l'espace géographique et une croissance démographique qui conduit à une demande en éducation. Les enfants de cette commune, qui devraient être admis au degré secondaire, interrompent leurs études par manque d'écoles secondaires avec les orientations ou sections suffisantes. Et pourtant, c'est à ce niveau qu'ils peuvent contribuer au développement de leur société.

5.5 Définition et explication des concepts

5.5.1 Ville

Le mot ville est conçu à l'opposé et en fonction du milieu rural et/ou de la campagne. Cette dernière, surtout dans les pays sous-développés, constitue un territoire ayant des conditions extérieures assez rudimentaires. Le milieu rural regorge généralement de grands espaces vides et ouverts sur lesquels vit et se développe une population peu dense. Les activités professionnelles de ce groupe social sont, du genre d'agriculture, d'élevage, de pêche, d'ailleurs peu développées. Car la production est orientée et destinée à la simple consommation, au secteur de subsistance pour le maintien tant soit peu de leur existence. C'est pourquoi, dans le milieu rural, il y a une forte accentuation du paupérisme et beaucoup sont des personnes qui vivent en dessous du seuil de la pauvreté.

Le milieu urbain, lui, s'oppose à celui qui est rural par ses activités à caractère industriel et de divers emplois économiques d'autres genres, par le mode de vie citadin, le type d'habillement, le mode d'équipement matériel. Ces éléments sont différents de ceux que nous rencontrons d'habitude dans le milieu rural. L'on reconnaît également, au milieu urbain, une concentration des hommes sur un espace relativement restreint.

A ce titre, faisons remarquer que la ville de Lubumbashi connaît actuellement une forte concentration de la population. La diversité de ses activités économiques, politiques, culturelles font d'elle un milieu très intéressant qui attire un grand nombre de personnes venant des autres milieux du pays. Cette forte concentration a concouru, par voie de fait, à la création aux abords de la ville de nouveaux quartiers qui l'ont davantage élargie.

La guerre d'agression orchestrée par la coalition rwandaise, burundaise et ougandaise, guerre contre la République Démocratique du Congo peut être aussi évoquée comme une des raisons d'arrivée massive des personnes à Lubumbashi. Ladite guerre, très meurtrière, accompagnée de multiples traumatismes psychologiques, a donné l'occasion aux déplacés de guerre de s'installer en nombre considérable à Lubumbashi.

L'apparition de ce fait social devait conférer à l'Etat congolais, à travers ses autorités territoriales, la responsabilité de faire une analyse systématique de sa politique de gestion du pays. Celle-là allait ressortir des conséquences et proposer des solutions correspondant aux problèmes qui répondent aux attentes de la population concernée. L'accroissement rapide de la population de la ville de Lubumbashi et de ses abords constitue un cadre social très important qu'il ne faille pas négliger. Il peut et a des répercussions sur l'organisation de différents domaines, dont la politique, l'économie, l'éducation et autres secteurs du développement de la ville.

La ville, étant un autre milieu, se distingue largement du territoire dit rural. Celui-là est qualifié ou appelé milieu urbain venant du latin urbanus, c'est-à-dire relatif à la ville ou de la ville.

Le concept ville comporte aussi bien le sens géographique, économique, social que culturel.

Du point de vue géographique, la ville est toute agglomération à très forte concentration démographique ou ouvrière. En principe, la population est nombreuse par rapport à celle du village. Elle s'estime à plus ou moins 100.000 habitants pour certains géographes et la ville a un grand nombre de maisons bien construites et disposées en quartiers suivant les normes et style d'urbanisation et de modernité.

La ville devient, de ce fait, un ensemble des quartiers construits selon un ensemble des mesures techniques modernes et économiques qui permettent un développement rationnel et harmonieux des agglomérations de cette ville.

Le sens socioéconomique se dévoile par le fait que cette population se transforme en masses laborieuses, forces de production. Cette optique implique ainsi l'existence, l'instauration d'un système de travail en vue de satisfaire les besoins quotidiens de la population. La création de nombreux emplois diversifiés et rémunérés démarque la ville de la campagne. Ce résultat est une des conséquences de l'urbanisation.

Pour parler de l'urbanisation, P. Howard (1977, p.10) soulève quatre critères déterminants :
«La densité de la population, la cité, la vie sociale, et les mœurs de citadin»

L'urbanisation insinue l'idée d'une certaine localisation concentrée de la population et des activités productives ne relevant pas du domaine agricole. Il s'agit d'une mise sur pied d'un ensemble des dispositions, des mesures aussi bien techniques, administratives, économiques que sociales qui doivent permettre un développement harmonieux, rationnel efficace pour le bien-être de la population.

Ainsi, nécessite-t-elle toute une philosophie, une planification, une prévision et une organisation de différentes activités sur un espace géographique dont les fonctions sont :
- D'assurer aux hommes des logements convenables et sains ;
- D'organiser les lieux de travail. Celui-ci doit prendre son caractère d'activité humaine et digne en vue de satisfaire les besoins quotidiens de l'homme ;
-De prévoir les installations indispensables aux loisirs, à l'épanouissement et au divertissement pendant le temps libre ;
-D'établir un réseau de circulation et de communication sociale reliant le lieu d'habitation à celui du travail et de loisir.

Emile Merenne (1985, p.315) n'hésite pas de qualifier l'urbanisation : «d'un processus de développement des villes et concentration de la population dans les villes»

Il faut souligner que, de par son organisation, l'urbanisation vise le développement harmonieux de l'individu, l'amélioration de son bien-être par rapport à celui d'un rural. Ladite organisation du milieu urbain se caractérise par certains facteurs différents du milieu rural, son opposé. On distingue entre autres :

- Le niveau de vie élevé ;
- La technologie appropriée témoignant la modernité ;
- Le commerce organisé ;
- Le loisir bien diversifié ;
- La présence des industries et entreprises rémunératrices ;
- Les hôpitaux et écoles modernes ;
- L'administration structurée ;
- L'énergie électrique ;
- La facilité de transport ;
- La monnaie, mesure de prestige ;
- La présence des classes sociales, des partis politiques ;
- Un brassage culturel interne.

Ces caractéristiques font de la ville un milieu de concentration des forces productives grâce au travail.

J. Remy (1976, p.70) renforce cette argumentation lorsqu'il souligne que «le milieu urbain s'organise en fonction de l'efficacité de la gestion économique. Dans cette perspective, elle joue un rôle central de la production et dans la distribution des biens, services et connaissances, ce qui lui assure une position motrice»

A travers ces attributs de la ville, il y a l'aspect culturel qui se dessine : l'établissement de l'espace culturel diversifié, l'acquisition d'un savoir, le modernisme, une certaine liberté dans le mode de vie.

«Le milieu urbain est le puits où se produisent et se diffusent les résultats du développement d'un pays, de toutes les pensées. Le milieu urbain est en même temps considéré comme créateur de l'harmonie et de liberté» disait C. Lauche (1965, p.2).

C'est l'une des conséquences de l'urbanisation du fait qu'il y a rencontre et contacts multiples des populations d'origine diverse et dont les mœurs traditionnelles et coutumes, souvent différentes, tendent à niveler les particularismes des tribus. C'est pour cette raison que les géographes considèrent la ville sous l'angle d'un lieu d'échange des biens, des personnes, des informations et un point de diffusion. C'est dire qu'elle constitue une centralisation des hommes de différentes races, tribus et couleurs sur une surface géographique relativement limitée.

Cette rencontre des personnes de tribus différentes n'aboutit pas nécessairement à une concordance sur tout point de vue. La ville est aussi un lieu des contradictions multiples étant donné que ces dernières sont constituées des types de relations nouvelles basées sur la spécialité et les intérêts caractérisés par le développement. Ne dit-on pas dans un adage : «Là où il y a des hommes, les problèmes ne manquent jamais».

C'est autrement dire que beaucoup de faits sociaux surgissent, à tout prix, dans une concentration des populations.

Il est un fait que là où il y a des hommes vivant en forte interaction sociale qu'il y ait aussi des tensions et des conflits. Ce faisant, le conflit devient une opposition qui existe entre deux ou plusieurs personnes ou entre groupes sociaux. Cette opposition est liée aux intérêts de divers ordres. Il s'agit d'intérêt d'ordre : moral, tribal, religieux, matériel, politique, etc.

Et le conflit va se constituer d'office en un rapport d'antagonisme des principes, l'émergence de certaines déterminations contradictoires. De tels différends sont beaucoup plus fréquents dans les villes que dans les villages à cause de la cohabitation des hommes appartenant à différentes origines et qui peuvent vivre en tension suite à la divergence d'intérêts poursuivis.

La ville de Lubumbashi en connaît régulièrement. Il ne se passe pas de jours sans que l'on assiste à des querelles de parcelles, et de tout genre. Parfois, les antagonismes se traduisent en vol, crime et combat meurtrier. Le conflit KASAIENS-KATANGAIS de 1992, conflit de triste mémoire, ne se justifie pas dans la logique ni de la reconstruction d'une ville, ni de la protection de l'identité nationale au-delà de celle qui est culturelle.

Les paramètres de définitions du mot ville ou milieu urbain sont légion. F. Braudel (s.d, p.37) est de ces auteurs qui se basent sur la structure. Pour lui : «C'est l'espace géographique aménagé selon les règles urbanistiques modernes déterminées, portant sur la trace des rues et avenues, les lieux et formes d'habitation, les divers équipements appropriés, etc… et occupé par une population fortement concentrée»

En ville, presque tout se paie, même le lopin de terre appelé «parcelle» sur lequel l'on doit personnellement construire sur base d'un ordre cadastral et d'un plan autorisé et agréé. Ceci est établi pour éviter l'anarchie, d'où la présence des places publiques, marchés, hôpitaux, lieux de loisirs, écoles, avenues et rues, voies obligées de passage et de communication. La présence à Lubumbashi de deux divisions de cadastre et de l'urbanisme et habitat est pour cet ordre. J. Beaujeu-Garnier (1983, p.162) ajoute : «C'est un espace géographique qui présente les caractéristiques spécifiques qui influent fortement sur les relations entre les différentes variables. La masse de population mono ou multipolarisée, les particularités du réseau de transport, la rapidité et l'intensité de l'information créent des conditions bien particulières»

Le trafic routier reliant les communes, les moyens de transport personnel ou en commun confèrent à la ville un statut et un niveau de civilisation élevé et la fait distinguer du milieu rural appauvri et démuni de certains instruments de modernisation.

Une autre définition non moins négligeable émane de la conception et de la compréhension du mot «ville» par l'homme traditionnel.

A l'époque coloniale, la plupart des villes étaient, en majorité, habitées par les Européens, en l'occurrence les Belges. Les citadins de peau noire et les autochtones se comptaient. Et même une dizaine d'années après l'accession de la République Démocratique du Congo à l'indépendance, avant la politique de la zaïrianisation, les opérateurs économiques, d'ailleurs presque tous blancs, se faisaient loger soit dans le grand centre en ce qui concerne la commune de Lubumbashi, soit les quartiers résidentiels des expatriés : Le Bel Air, le Golf.

Cette distinction de résidence a fait croire à l'homme indigène que, est appelé «ville» le lieu habité par les blancs. Ce qui faisait et fait dire à celui qui quitte le village pour la ville, le grand centre :

- «Naenda Mukizungu, Mumpuntu» (Luba Katanga) qui signifie : «Je pars chez les Blancs, les Civilisés»

- «Bende Kubukalanga» (Songe), c'est-à-dire, «Il est parti dans un lieu des civilisés»

Le lieu de résidence des Blancs est synonyme de confort matériel impeccable démontrant la propreté, le modernisme. Rien n'y manque, car c'est l'aisance, l'abondance, la richesse, le standing de vie élevé parce qu'un endroit des gens civilisés. S'il faut installer une unité de production ou une activité commerciale, c'est en ville où l'on rencontre des familles nanties, détentrices des moyens tant matériels que financiers. Il n'y a pas beaucoup de difficultés pour payer et honorer des dettes contractées.

Cette façon de voir les choses a des incidences, même quand il faut créer et construire des écoles. De par sa nature, l'école relève de la civilisation occidentale.

Cette manière de penser reste encore gravée dans la tête de plus d'un congolais. Qui est maintenant blanc ? Qu'est-ce qu'un civilisé ? Qu'entend-t-on par ville ?

Celui qui a fréquenté l'école à un niveau assez élevé, se convertit presque à la civilisation et au mode de pensée dont cette école est le reflet. Il intériorise par conséquent la manière de vivre occidentale. C'est de quoi l'appeler Blanc ou civilisé surtout s'il s'adjoint d'un certain équipement moderne et considérable, d'un niveau de vie élevé et d'une capacité financière considérable.

La conséquence, l'étiquette «Blanc, civilisé, Muzungu» n'est aussi attribuée qu'à celui qui assiste matériellement, qui manifeste un bon cœur à l'instar d'un blanc, généreux et bienveillant, qui a amené la civilisation à travers l'école.

Au départ des occidentaux après l'indépendance, quelques citoyens congolais nantis les ont remplacés dans les villes et les quartiers résidentiels privilégiés en adoptant parfois leurs manières. A cause de leurs moyens financiers étendus et de la pression démographique, ils ont même élargi certaines villes en construisant des maisons de style européen. A Lubumbashi, les quartiers comme GOLF, KARAVIA, KIMBWAMBWA, JOLI SITE et autres constituent un prolongement dynamique de la seule commune ville de Lubumbashi. Le respect des règles urbanistiques et cadastrales est du moins de rigueur afin de se conformer au rang de la ville-mère.

La ville n'est plus seulement l'endroit où est concentrée la population d'origine européenne, mais plutôt l'espace habité par ceux qui détiennent les moyens financiers et matériels bien considérables. Ses habitants peuvent facilement influencer positivement le cours des choses, telles l'installation de certaines infrastructures hospitalières : construction des polycliniques, construction des écoles, aménagement des lieux de loisirs, du style de la mondialisation.

Il faudra remarquer qu'aucune société n'est stationnaire. Elle est dynamique. Le changement est un fait social qui se présente toujours et partout où les êtres humains se regroupent et vivent ensemble. L'augmentation ou la réduction de ces satisfactions culturelles montre dans quelle mesure elle est progressive ou régressive.

Le changement social est défini de plusieurs manières. La pensée de Guy Rocher (1968, p.22) nous intéresse lorsqu'il affirme ce qui suit : «Le changement social est toute transformation observable dans le temps, qui affecte, d'une manière qui ne soit pas que provisoire ou éphémère, la structure ou le fonctionnement de l'organisation sociale d'une collectivité donnée et modifie le cours de son histoire».

L'élément qui ressort dans cette pensée est que le changement social est l'ensemble des transformations et modifications observables et vérifiables opérées dans une société sur une courte période de temps. C'est un phénomène collectif et permanent.

Mulumbati Ngasha (1977, p.32) renforce cette idée en ces termes : «Le changement social est un phénomène collectif qui affecte soit une collectivité ou un secteur important d'une collectivité, soit les conditions de vie ou l'univers mental de plusieurs individus, soit encore la structure, c'est-à-dire les composantes de l'organisation sociale d'une collectivité».

Il n'est pas question d'un fait accidentel, passager, mais un processus permanent et durable visant l'amélioration des conditions de vie de chaque membre de la société dans laquelle doit s'opérer ce changement social.

Or, l'école s'érige en facteur de transformation de l'univers mental d'un individu. L'instruction qu'elle assure transforme et modèle culturellement l'individu qui la reçoit et élargit sa façon de penser. L'école doit, de ce fait, être un thermomètre d'évaluation du degré de changement atteint par une société.

5.5.2 Ecole

La compréhension la plus vulgaire et simple vient du dictionnaire Larousse de Poche qui donne cette signification «Etablissement où l'on enseigne. C'est un lieu privilégié pour la formation, la transmission des connaissances et des compétences».

En effet, cette définition met en exergue deux parties, à savoir : l'enseignant qui transmet et diffuse les connaissances et les compétences d'une part et d'autre part, l'enseigné autrement appelé élève qui les reçoit. Dans ce climat, et selon nous, l'école peut cette fois signifier une structure où il y a un personnel chargé de la transmission des connaissances à la jeunesse pour la rendre intellectuelle, compétente et utile à la société au sein de laquelle cette jeunesse évolue.

L'éducation donnée à l'école doit prétendre à une socialisation de l'enfant par une collaboration qui puisse permettre la prise de conscience de soi et une conscience objective de la réalité. C'est ce qui va occasionner son adaptation progressive et réelle. A l'occasion, l'enfant peut structurer, grâce à la maîtrise des notions culturelles de sa société, ses divers comportements sociaux et sa pensée. La transmission de l'héritage ou patrimoine culturel se réalise de génération à génération. De la sorte, l'école assure également la pérennité et le dynamisme d'une société.

Mulumbati Ngasha (1988, p.51) exploite la conception de Jean-Pierre Cot et Jean-Pierre Mounier qui déclarent : «Ce ne sont pas des opinions que l'école inculque, ce sont des attitudes et des dispositions à agir, des schèmes inconscients à partir desquels s'organisent la pensée et l'action quelle que soit la situation qui se présente»

Une opinion est éphémère et ses traces ne sont pas permanentes par rapport à celles d'une attitude.

Ainsi l'école, avec tous ses moyens, imprime dans l'esprit des enfants, un habitus que Pierre Bourdier (cité par Mulumbati Ngasha, op.cit., p.51) définit de cette manière : « Un système de dispositions durables et transposables qui, intégrant toutes les expériences passées, fonctionne à chaque moment comme une matière de perceptions d'apprentissage et d'actions,... »

L'action éducative et pédagogique est la seule opération par laquelle l'enseignant dispense et transmet les connaissances et les habitudes aux jeunes individus, un bagage susceptible de les aider à résoudre les difficultés de la vie quotidienne. Cette donne exige à l'enseignant de posséder des connaissances sûres, d'être suffisamment outillé, formé et informé sur les matières à dispenser pour leur opérationnalité dans la vie professionnelle. Pour que l'école assure correctement et efficacement cette responsabilité, il faut que certains préalables soient d'abord remplis :

- La conception et l'élaboration avec une vision globale des programmes d'enseignement qui soient adaptés au niveau des élèves et qui tiennent compte des éventuelles implications sur le plan de ressources matérielles et humaines ;
- L'amélioration du payement, de la motivation et de l'encadrement des enseignants;
- Les apprenants doivent être mis dans des conditions socio-économiques qui les rendent aptes à assimiler les divers enseignements leur dispensés ;
- L'établissement scolaire doit être doté d'une infrastructure fiable, suffisante et des équipements et mobiliers appropriés, c'est-à-dire une amélioration de l'équipement didactique et de la structure d'accueil des écoles ;
- La disposition au personnel enseignant et aux élèves des moyens de déplacement et de transport pour leur permettre d'atteindre facilement le lieu de l'école.

Il est à noter que l'école joue aussi le rôle d'agent de spécialisation et de préparation professionnelle. C'est une tâche primordiale parce que l'enfant est préparé pour la vie et l'utilité dans la société.

Citant P. Naville, Paul Sivadon (1973, p.361) le paraphrase : «Un enfant naît et grandit, le voilà mûr pour l'école puis pour le métier. Tel est le cycle banal, la forme typique de notre développement à tous. Mais nous ne l'affrontons pas tous dans les mêmes conditions».

C'est dire que l'école doit progressivement préparer l'enfant à un métier pratiqué dans son milieu sans perdre de vue le goût aux autres professions rémunérées. Il est du devoir de l'Etat de préconiser une structure de l'enseignement avec une politique d'éducation favorisant la formation aux métiers, aux professions, et voire une maîtrise de la politique d'emploi, milieu d'accueil des jeunes formés. Nous stigmatisons une adéquation entre l'école et l'emploi.

Les aspirations professionnelles sont quelquefois et surtout fonction des études faites. Le choix judicieux du métier est souvent limité quand on n'a pas un bagage intellectuel ou mieux un diplôme d'un haut niveau. La pratique loyale d'une profession exige une possession des connaissances connexes à cette profession. Les connaissances intellectuelles rendent possible la reconversion d'emplois présentant des similitudes.

Ainsi, la formation professionnelle à l'école représente-t-elle une étape importante d'entrée dans la vie d'un individu en tant que futur responsable. C'est un moment privilégié d'apprentissage, de former la pensée et les conduites professionnelles. Elle est, ce moment, le creuset qui devrait rester ouvert à toutes possibilités. C'est autant dire que le métier est très important dans une communauté. C'est lui qui élève l'individu à un rang, à un statut social et le conduit à une bonne estime de soi.

Cependant, l'école ne peut remplir cette fonction d'agent de spécialisation professionnelle d'une population que si cette dernière a accès aux divers enseignements qu'elle dispense. Ceci suppose d'abord qu'il y ait assez d'écoles diversifiées et que ces écoles soient distribuées sur un espace géographique de manière à permettre à toute la population d'y accéder. Mais cela nécessite ou exige aussi que la population vive dans des conditions socioéconomiques pouvant lui permettre de supporter les éventuels frais de scolarité et pourvoir à tous les besoins scolaires y afférents. De ce fait, l'école reste une institution appropriée pour former les compétences utiles dont le pays a besoin pour son développement et/ou sa reconstruction.

Le développement communautaire, comme le souligne V. Chantal (1991, p.30), est un «processus qui permet de passer d'une situation moins désirable vers une situation désirable ; de passer étape par étape, stade par stade, état par un autre. Car il implique une progression de changement par rapport à des critères bien spécifiques» En ce sens, il est l'ensemble d'activités par lesquelles une communauté donnée, ayant pris conscience de ses conditions d'existence, s'engage à participer à la réalisation de son bien-être global. Et l'école est l'une des actions considérées comme facteurs susceptibles de créer le développement dans les communautés de base. C. Lesueur (1964, p.18) cite quelques actions :

«L'agriculture, l'élevage, la pêche, la pisciculture, le transport, la communication, la construction, les écoles, les dispensaires, le commerce, la micro industrie»

De la sorte, l'école, son éducation, y compris ses différents aspects et structures, devient un véritable catalyseur de ce processus de réalisation humaine qui s'étend dans le sens de processus de production du mieux-être. En d'autres termes, elle favorisera, si jamais elle est bien organisée, gérée et sainement répartie dans l'espace, des réactions des situations matérielles permettant de satisfaire les besoins de l'existence sociale. Elle est donc, dans la grande proportion, à la base de l'amélioration des conditions de l'épanouissement humain, de l'environnement physique et moral par un processus particulier où les gens discutent, planifient, organisent et agissent librement. Tout développement vise à la fois la promotion de l'individu et celle de la collectivité tout entière.

De la sorte, l'éducation ne sera plus seulement considérée comme un bien de consommation, mais aussi un investissement essentiel au développement socio-économique d'un pays.

C'est dans cette optique que la planification de l'éducation s'impose avec acuité non comme un instrument facultatif, mais absolu et imposable à tout pays qui aspire à un progrès. Elle doit être envisagée dans le cadre de la planification générale du développement économique, social et culturel d'une nation. Car, le développement est une résultante des politiques appliquées et des stratégies dans le processus de ses différents aspects. Rappelons à cet effet que l'éducation a été au centre des réflexions de plusieurs nations depuis les années 1960, années marquant l'accession de certaines nations à l'indépendance. Ces nations ont considéré l'éducation comme le facteur déterminant du développement

Certes, tout enfant a droit à l'éducation. L'éducation des enfants ne devrait pas dépendre du hasard qui les fait naître dans tel ou tel autre milieu ou de telle famille plutôt que de telle autre. Tout au moins, l'action éducative devrait se fonder sur une base commune. Or, l'évolution professionnelle des hommes est étroitement liée à leur éducation. Dans ce sens, les contenus de cette éducation doivent aussi être étendus, diversifiés et rattachés au renouvellement et à l'amélioration de leur compétence.

L'idéal est alors d'instruire et de ne former si pas tous les enfants, mais le plus grand nombre d'enfants afin de réduire le taux d'analphabétisation constaté dans le pays. Chacun a besoin d'une éducation sans laquelle son épanouissement culturel, économique et son intégration sociale sont compromis.

Les questions que l'on se pose sont les suivantes : dans tout l'espace géographique habité, chaque enfant reçoit-il ce genre d'éducation ? Plus particulièrement, les enfants de la ville de Lubumbashi ont-ils tous accès à l'école ? Aller à l'école implique avoir une capacité d'accueil suffisante. Cette étude cible la septième entité administrative, la commune Annexe qui est périphérique à la ville de Lubumbashi, formant ainsi sa ceinture.

5.5.3 Ceinture de la ville de Lubumbashi

Cette expression «ceinture de la ville» est à prendre dans un contexte restreint en rapport avec l'objet que nous poursuivons dans la présente recherche. Il est donc question de l'ensemble des quartiers situés sur le pourtour d'une ville.

Mais les démographes, les agronomes et autres chercheurs, dans leur orientation, parlent de la «ceinture verte» qui, selon Hal Hellman (1973, p.146), «comprendrait des forêts et des lacs, des exploitations agricoles, des musées de plein air, des serres et des jardins zoologiques».

Kitaba Kya-Ghoanys (2004, p.23) détermine même la distance que couvre la ceinture verte de la ville de Lubumbashi : «C'est un espace géographique habitable ou non se trouvant compris dans un rayon de trente kilomètres du centre de Lubumbashi, un espace se trouvant d'une part dans la commune Annexe et d'autre part dans le territoire de Kipushi».

L'auteur vise l'agriculture et dépasse les limites d'une ville pour entrer dans la circonscription administrative du territoire de Kipushi, d'où son appellation ceinture verte.

Cette recherche étant orientée vers la population, l'espace géographique considéré est le milieu périurbain habité pour y analyser le niveau du développement scolaire.

Mais la ceinture de Lubumbashi est abandonnée à elle-même. Ni les écoles privées, ni les écoles conventionnées animées de la morale chrétienne ne sont habitées par le souci du lendemain de la jeunesse, population scolarisable de cette contrée. Elles se préoccupent plus de l'esprit financier que du souci d'humanisme. Pire encore, l'Etat garant de toute la nation, les autorités provinciales et municipales n'y songent que par de simples slogans sans fournir de moyens. Et pourtant, l'éducation est une notion de droit fondamental pour tout être humain.

5.6 Education, un droit fondamental et un appui au développement

Aujourd'hui, l'éducation est bien connue et identifiée comme un facteur qui engage l'avenir de chaque citoyen dans un pays et, par voie de conséquence, l'avenir de toute la nation. C'est pourquoi, dans beaucoup de pays, elle prend une place de choix parmi tant d'autres secteurs. Car par elle, chacun est conscient du rôle de participation qu'il devra jouer dans la reconstruction et l'élévation de la société. Dans ce cas, l'éducation devient un droit, une prérogative pour tout citoyen.

L'éducation est une nécessité inaliénable pour chaque être humain, car elle a une finalité. L'Etat doit faire un grand effort et des sacrifices pour y parvenir. Etant donné que, dans la société, tous les membres n'agissent pas de la même manière, chacun a un comportement distinct qui le différencie des autres. Les comportements ne sont que les résultats de l'éducation reçue par chacun. La finalité de la société à travers l'éducation est de rendre tout individu membre capable de s'assumer, de maîtriser les réalités sociales, de s'épanouir à partir de l'apprentissage acquis, de l'effort de soi et de l'influence du milieu.

C'est dire que, la réalisation de l'éducation est le fruit de beaucoup de partenaires ou acteurs. Elle est un fait qui débute dans le toit familial où collectivement l'entourage familial (parents, frères et sœurs, etc.) apprend à l'enfant, en premier lieu, les valeurs, le schéma et les principes essentiels de la vie.

Pour ce faire, l'éducation familiale devrait et doit, à l'instar de l'éducation nationale, mettre l'accent sur le lien affectif qui facilite la socialisation et renforce l'efficacité de la transmission des traits culturels et d'autres valeurs sociales.

L'éducation n'est pas seulement statique, elle est continuelle, perpétuelle en ce sens que même les adultes peuvent recevoir de l'éducation. C'est ainsi qu'à chaque âge, il y a une éducation appropriée, d'où l'éducation scolaire, religieuse, culturelle, permanente, etc. L'école est devenue un substitut de la famille. Comme on peut le constater, l'éducation et l'instruction sont deux notions corrélatives et étroitement liées. Elles sont naturellement dépendantes l'une de l'autre. Une bonne éducation sera accompagnée de l'instruction et vice versa.

Le premier départ de l'enfant se fait à l'âge où il se rend à l'école. C'est de là qu'il subit d'autres influences que celles de la famille. La part de l'école dans l'éducation de l'enfant est qu'elle l'instruit, le forme en développant ses potentialités intellectuelles, physiques et le fait acquérir les principes moraux. Avec l'entrée à l'école, l'enfant a envie d'apprendre à connaître le monde qui l'entoure et de se développer pour réussir dans la vie avec les moyens et l'instruction qu'il acquiert.

L'éducation des jeunes n'est donc pas que familiale ou scolaire. Elle est une exigence d'une société qui veut évoluer, se perpétuer, se renouveler et se développer dans tout domaine, même religieux. Pie X (1993, p.27) déclare : «L'éducation chrétienne embrasse la vie humaine sous toutes ses formes sensible, spirituelle, intellectuelle et morale, individuelle, sociale, (…) non certes pour la diminuer en quoi que ce soit, mais pour l'élever, la perfectionner d'après les exemples et la doctrine de christ».

L'éducation des jeunes est également un problème d'identité culturelle. Il a été susmentionné qu'il est nécessaire pour un enfant de connaître sa tradition, ses coutumes, ses valeurs sociales pour qu'il puisse trouver une personnalité équilibrée et les meilleures possibilités pour se former au niveau intellectuel.

Considérant l'éducation dans un aspect dynamique, P. Erny (1972, p.16) dit ceci : «L'éducation apparaît en quelque sorte comme la culture elle-même se transmettant, se perpétuant, s'actualisant dans une nouvelle génération, mettant tout en œuvre, son organisation, ses ressources, son génie, pour assurer sa pérennité. Grâce à elle, les enfants qui grandissent deviennent des patterns, des représentants, puis des instruments et des médiateurs de cette culture».

Si, hier, l'enfant n'était soumis qu'à une triple influence (famille, école, environnement socioculturel et religieux), aujourd'hui l'âge des médias technologiques a bouleversé ce schéma. De nouveaux moyens d'éducation et d'enseignement se présentent sous d'autres formes, spécialement les médias. Dès le plus jeune âge, l'enfant est exposé à un déferlement d'images différentes. Il reçoit des informations de toute sorte ayant des influences positives et négatives. Car les enfants n'ont pas la possibilité de les situer et les classer autour des points de repère d'un système de valeurs de la société.

Aujourd'hui, l'éducation est bien connue et identifiée comme un facteur qui engage l'avenir de chaque citoyen dans un pays comme dans l'autre et par voie de conséquence, l'avenir de toute la nation. C'est pourquoi, dans beaucoup de pays, elle prend une place de choix parmi tant d'autres secteurs car, par elle, chacun est conscient du rôle de participation qu'il devra jouer dans la reconstruction et l'élévation de la société. Dans ce cas, l'éducation devient un droit, une prérogative pour tout citoyen.

Dans la célèbre déclaration universelle des droits de l'homme (W. Laqueur, et B. Rubin, 1994, p.254), l'ONU souligne l'importance de l'éducation dans les termes suivants : «Toute personne a droit à l'éducation. L'éducation doit être gratuite au moins en ce qui concerne l'enseignement élémentaire et fondamental. L'enseignement élémentaire est obligatoire».

L'accès à l'éducation, à l'école doit donc être réservé à quiconque, sans distinction de sexe, ni de race, ni de religion.

D'ailleurs, le droit à l'éducation, sur recommandation de l'UNESCO, figure dans les constitutions de tous les pays du monde. L'enseignement primaire est obligatoire et l'Etat devrait assurer la gratuité de l'enseignement public, surtout à l'école primaire.

Dans la constitution de la République Démocratique du Congo (Constitution, 2006, p.7), il est dit dans l'article 43 ceci : «Toute personne a droit à l'éducation scolaire. Il y est pourvu par l'enseignement national. (…) L'enseignement primaire est obligatoire et gratuit dans les établissements publics».

Personne n'a alors le droit d'aliéner l'éducation d'un enfant, pas même ses propres parents qui en ont pour un droit naturel et un devoir à exercer sous la surveillance et avec l'aide des pouvoirs publics. L'article 42 de ladite constitution (Constitution, idem, p.7) insiste sur ce fait : «Les pouvoirs publics ont l'obligation de protéger la jeunesse contre toute atteinte à sa santé, à son éducation et à son développement intégral».

La prise d'une pareille position est fonction de la conscience qu'ont eue les pays surtout industrialisés après la deuxième guerre mondiale. Ils ont réalisé que l'éducation pouvait contribuer et est une condition suffisante du développement de l'homme et de la société. L'éducation favorise l'essor économique et le progrès socioculturel. Une bonne éducation peut aussi renforcer les potentialités tant scientifiques que technologiques qui débouchent sur un développement.

L'approche du développement réclame aux différentes communautés d'une nation, à chaque niveau qu'elles se trouvent, de s'organiser pour participer à l'amélioration appropriée de son avenir.

Les considérations conceptuelles du terme développement se nourrissent et s'argumentent selon les courants, les tendances ou les réalités qui les entourent. C'est pourquoi les uns prennent le développement sur base de revenu par habitant à partir du P.N.B; d'autres l'entendent sur les infrastructures et équipements de base dont dispose un pays. Nous citons :

- Les bâtiments ;
- Les routes ;
- Les moyens de transport et de communication ;
- Les biens d'équipement et d'investissement, etc.

Les aspects définitionnels du développement ne sont pas exhaustifs. Ceux d'ordre démographique (taux de mortalité, de natalité, espérance de vie), sanitaire (alimentation, logement, soins de santé) ou d'ordre technologique (machines, industries) ne sont pas du reste oubliés pour se faire l'image du développement réel d'un pays.

Quoi qu'il en soit et au-delà des diversités de définitions existantes, le développement est une démarche pédagogique qui aide l'ensemble d'une communauté humaine à mieux voir sa vie, à réfléchir sur ses problèmes, leurs causes et leurs conséquences. Une communauté éclairée arrive à prendre conscience de ses possibilités d'intervention et d'action dans divers secteurs afin de renaître progressivement et sans cesse à une vie nouvelle et meilleure. Axelle Kabou (1992, p.8) constate : «Actuellement, les communautés de base du tiers-monde apparaissent comme un monstre problématique et sans issue. Ces communautés de base connaissent des problèmes de tout genre, notamment le manque de maîtrise de besoins fondamentaux (alimentation, soins de santé, éducation, logement, culture, sport, loisir)».

De telles populations ont besoin d'un dynamisme spirituel pour se prendre en charge. Le changement d'état d'esprit est indispensable pour un bon démarrage vers l'amélioration du bien-être et du développement intégral. J. Goffaux (Op.cit., pp.44-45) le confirme et appuie cette pensée lorsqu'il considère le développement comme : «L'ensemble de changement dans les mentalités, les habitudes sociales et les institutions d'une population, qui mettent celle-ci en état d'opérer sa croissance. (…) Développer l'homme, c'est le mettre debout, le rendre responsable de son avenir, en faire l'acteur de son histoire». L'homme est l'artisan du développement et de toutes sortes d'activités ou de stratégies d'innovation qui œuvrent pour une amélioration des conditions d'existence dans diverses situations économiques, sociales, culturelles.

De ce qui précède, il résulte que cet homme animateur doit avant tout être transformé pour devenir un véritable et bon catalyseur du changement au sein de la société ou du progrès d'un pays. Il faut insister d'abord sur le développement humain afin de permettre aux gens de travailler de façon productive et créatrice. Le mieux serait d'investir dans le potentiel humain en insistant sur la nécessité pour tout un chacun d'avoir une chance de participer au développement de son pays.

L'utilisation du verbe investir est généralement source d'une discussion en éducation. D'aucuns pourraient se poser la question de savoir s'il est possible d'épargner des investissements humains, car il s'agit d'une opération palpable et le plus souvent à court terme. Est-ce dire que l'on peut acheter des hommes pour les rendre aptes et tirer bénéfice sans retomber dans ce qui est décrié dans le monde actuel, à savoir l'esclavagisme ?

Cette théorie d'investissement est évoquée pour faire prévaloir l'importance de l'éducation et de l'instruction dans la bataille contre le sous-développement. Car il est un fait réel que le degré d'instruction, niveau de scolarité d'un peuple, est un indice qui détermine relativement bien ses possibilités de lutter valablement pour maîtriser l'environnement, la nature. L'alphabétisation et/ou l'instruction constitue donc un important facteur de développement national.

Bref, cette théorie d'investissement renseigne qu'une nation qui veut réussir dans l'avenir doit nécessairement investir dans la formation de la jeunesse, formation dans l'école. La jeunesse d'aujourd'hui constitue la nation de demain, dit-on. C'est une théorie qui sert d'exploitation dans la mesure où il est difficile de former une élite ou les gens dont le pays a besoin dans les écoles délabrées et insuffisantes, sans pratiquement de matériel didactique et équipement nécessaires et dont les facteurs de gestion ne sont pas mis dans les conditions qui puissent permettre à l'école d'atteindre son objectif.

Cette position est suffisamment démontrée par l'auteur de l'économie du sous-développement (T. Guillaume, 1980, p.8) qui pense que : «Investir dans l'homme à travers son instruction, c'est réussir le pari contre le sous-développement».

En tant qu'action sociale, l'éducation agit sur l'individu pour le rendre plus apte que possible afin de remplir ses fonctions dans la société et sur son cadre social. Elle le réforme en le rendant plus humain, c'est-à-dire plus favorable au développement, à l'épanouissement de sa personnalité.

Ce qui est important est d'instaurer une forme d'éducation scolaire qui est un des indicateurs ou modèles de développement humain durable. C'est pour investir dans le potentiel humain et créer ainsi un environnement favorable à la pleine utilisation équitable des capacités humaines. Ces dernières vont éjecter la croissance économique et réduire les causes du sous-développement. L'homme doit être motivé, prendre conscience de son état pour sortir du sous-développement, mieux quitter des conditions de vie misérables de pauvreté.

L'élévation du niveau de vie de la population implique une amélioration de quelques éléments, tels que : la santé, l'alimentation, l'éducation, la famille et le logement. Ces fonctions relèvent de la dimension sociale, critère suffisant pour apprécier la situation d'une population. D'ailleurs, les planificateurs du développement qui parlent de l'indice de développement humain «IDH» n'hésitent pas de citer les indicateurs ci-après :

- La longévité ou espérance de vie ;
- Le savoir dont l'alphabétisation, la scolarisation ;
- L'accès au cadre de vie de l'environnement : eau, électricité, transport et communication.

Il existe des indicateurs monétaires et non monétaires de la pauvreté. Les premiers sont fixés selon le revenu au rythme de la croissance économique. Parmi les seconds indicateurs non monétaires, L. Stolern (1974, p.27) cite les indicateurs suivants :

- «Démographiques : mortalité, isolement ;
- Socioculturels : éducation, conditions de travail, temps de transport, mobilité, loisirs, délinquance, etc.».

Lorsqu'un peuple n'affranchit pas le seuil de ces indicateurs, il tombe dans la pauvreté dite humaine. Par conséquent, le développement par l'éducation surtout scolaire est une solution pour combattre la pauvreté. Relevons un fait que cette dernière s'installe dans la mesure où la majorité de la population n'ont pas d'égales chances de se tirer d'affaires. Ceci revient à dire, pour que la scolarisation ou l'éducation combatte ou réduise la pauvreté, elle doit atteindre du moins toute la population, si pas la majorité pour une bonne participation et une bonne lutte. La scolarisation doit être aussi bien quantitative que qualitative pour prétendre jalonner un développement. Ainsi devient-elle un facteur déterminant de développement, de l'épanouissement de l'homme et celui de la nation.

5.7 Inégalités sociales

Dans une course au développement, la contribution de chacun est indispensable ; d'où isoler un sexe, en l'occurrence la femme, serait un blocage à cette marche. L'inégalité très prononcée entre l'homme et la femme constitue un facteur indéniable qui ne favorise pas la participation active de la femme au processus de développement.

Le genre, qui est un processus de complémentarité, d'harmonie, d'intégration et de valorisation des actions de la femme, doit jouer son rôle en vue d'établir un équilibre dans certains aspects de la vie. La promotion sociale de la femme est freinée par de nombreuses contraintes issues des us et coutumes. Il en résulte le faible taux de scolarité, l'analphabétisme de la femme.

D'après l'enquête MICS 2(2000, vol II, p.83) «48,9% des femmes au Katanga âgées de quinze ans et plus sont analphabètes contre 22,5% d'hommes».

Les causes sont nombreuses. Le recul ou le retard de la scolarisation des filles est lié principalement :

- A la pauvreté des familles ;
- Aux pratiques coutumières qui favorisent le mariage précoce ;
- A la tradition qui pousse les filles à ne s'occuper que des activités ménagères ;
- A la déconsidération de la scolarité des filles en faveur de celle des garçons ;
- Au fait que les filles attrapent les grossesses précoces les obligeant à abandonner très tôt les études ;
- A l'insuffisance et à l'éloignement des structures scolaires en milieu rural et semi urbain ou périphérique ;
- A la surcharge de travaux des femmes et des filles.

Ainsi, le taux d'analphabétisme des femmes adultes et des filles demeure important et croissant par rapport à celui des hommes et des garçons.

Les enfants et les jeunes filles qui abandonnent les études pour le mariage précoce représentent un réel problème pour la communauté d'autant plus qu'ils se versent dans la vie sans une préparation conséquente. Un regard dans la vie courante, et cela surtout dans le milieu semi rural, fait observer que lorsque les parents ont des moyens limités ou insuffisants pour scolariser leurs enfants, ils privilégient souvent les garçons au détriment des filles comme si celles-ci sont de naissance moins intelligentes que les garçons. Et les filles dont les parents sont divorcés, soit décédés arrêtent souvent leurs études par manque de tuteur responsable, capable de pourvoir aux besoins de leurs études. Elles sont ainsi exposées aux mariages et maternités précoces, pérennisant un cycle d'analphabètes parmi les générations futures. Un autre fait a été constaté lors de la descente sur terrain, à la commune Annexe. Les filles dont les mères sont analphabètes, pour ne pas dire illettrées, terminent rarement leurs études. Il est aussi important de noter que la non-existence ou la négligence d'une véritable éducation sexuelle au sein des familles actuelles résidant dans les milieux urbains et semi urbains a un impact négatif sur les filles, particulièrement durant la puberté. Les garde-fous n'étant pas mis à leur disposition, les filles sont prédisposées à certains méfaits, dont les grossesses précoces qui hypothèquent et sacrifient leurs opportunités dans la vie future.

Le niveau d'instruction de la femme et de la jeune fille peut constituer un facteur stimulant pour un développement. En effet, l'éducation des femmes accroît leur assurance et leur aptitude à la vie en société. Il peut aussi favoriser la négociation de leurs capacités à gagner la vie et le progrès contre toute sorte de violence et d'harcèlement dont elles sont victimes. Leur éducation est donc indissociable de tous les autres aspects du développement.

D'ailleurs, Marc Gentillini (1993, p.43) le dit : «Il est établi que l'éducation de la mère est sans doute l'élément le plus déterminant pour la santé, la nutrition, et l'éducation de ses enfants et de toute sa famille. Il est également prouvé que l'instruction renforce la productivité agricole».

L'éducation des femmes ne doit pas être séparée de tous les autres aspects du développement humain et national. Le slogan de P.E. Lumumba est éloquent : «Eduquer une femme, c'est éduquer toute une nation».

Pour parer à ces différents défauts ci-dessus énumérés, les autorités politico-administratives, chargées de l'éducation, doivent adopter certaines stratégies pour intégrer les filles dans les actions éducatives. Voici quelques mesures qui peuvent réduire le taux d'analphabétisme élevé des filles et les inciter à fréquenter l'école :

- Organiser des campagnes de sensibilisation contre les pratiques et coutumes qui portent atteinte à la scolarisation des jeunes filles ;
- Améliorer la carte scolaire pour rapprocher l'école des usagers ;
- Intégrer le genre dans la formation des enseignants et des gestionnaires ;
- Améliorer et mettre en place des infrastructures d'hygiène respectant les spécificités de genre ;
- Mettre en place des structures de protection et d'encadrement psychosocial pour les filles dans les établissements afin d'éviter les harcèlements ;
- Prendre des mesures en faveur des filles mères pour la poursuite de leurs études ;
- Réhabiliter et construire des centres d'alphabétisation fonctionnelle des adultes en milieu suburbain et rural ;
- Adopter des mesures incitatives pour encourager les filles à s'inscrire dans des filières techniques et scientifiques en leur accordant des bourses d'études ou en les parrainant ;
- Construire des espaces d'éveil et de loisir pour les enfants et jeunes en milieu semi-urbain et rural.

Ce sont des mesures préventives pour l'avancement de l'éducation des filles, futures mères et éducatrices de la société humaine. Elles participent à la progression des actions de l'Etat et à la sensibilisation des parents en vue d'assumer leurs responsabilités effectives envers les filles qui sont de plus en plus écartées des actions éducatives ou qui ne constituent plus une priorité dans le secteur éducatif. Cela diminuera les dégâts sociaux, tels que la prostitution, la prédisposition aux mariages précoces qui conduisent aux grossesses prématurées, l'exposition aux maladies sexuellement transmissibles comme le VIH/SIDA.

5.8 Conclusion

Le champ d'investigation étant une des entités administratives de la ville, celle-ci est à comprendre comme un espace géographique habité par une concentration de la population. Le respect des conditions et règles urbanistiques détermine les caractéristiques d'un milieu urbain. Le constat est que ce milieu est fort différent du milieu rural de par la prédominance des activités du secteur secondaire et tertiaire, la présence des classes, le brassage culturel, une rationalité économique, la monnaie, la présence des infrastructures modernes et des écoles, etc., caractéristiques d'une civilisation, d'un développement, sujet d'attraction sociale.

L'école, avec toutes ses infrastructures, peut traduire plus ou moins le niveau de scolarité atteint par une population. A cet effet, le droit de chaque personne à l'éducation est d'office un droit à satisfaire et à élargir ses besoins de formation par tous les moyens. A l'échelle nationale, c'est à l'Etat et à tous ses représentants qu'incombe la responsabilité de garantir ce droit avec le soutien actif et l'engagement des parents, y compris des organisations tierces, philanthropiques, des Eglises. La mission de l'école est d'apprendre à changer, à diriger ou à réorienter le changement de manière active et efficace pour le bien-être humain et le développement d'un pays.

L'atteinte des objectifs du millénaire pour le développement est devenue une préoccupation de plus d'une nation. Mais cela ne peut se réaliser que lorsqu'une nation s'engage à organiser et à développer les programmes éducatifs adéquats de façon à faire de l'école un noyau catalyseur de la vie communautaire

L'éducation est le trait d'union entre l'homme, la société et le développement. C'est l'action éducative qui constitue un rempart du développement durable. Elle est une des conditions pour réduire la pauvreté avec toutes ses conséquences dégradantes pour les personnes et les familles. Car le manque d'éducation est considéré comme à la fois un trait caractéristique de la pauvreté et comme un obstacle au progrès socioéconomique dont la population a besoin pour ne plus faire partie de pauvres.

Le projet d'éducation demeure toujours une approche éclairante et autonomiste qui s'inscrit dans le cadre des approches de développement communautaire. Autrement, pour promouvoir un développement communautaire, il faut nécessairement éduquer la population.

Le développement du pays est tributaire de beaucoup de facteurs parmi lesquels l'éducation des jeunes qui constituent la nation de demain. Alors l'avenir de cette nation sera en grande partie le résultat de ce qu'elle fera à sa jeunesse. C'est pourquoi, il faudrait lui offrir, dès maintenant et partout qu'elle se trouve, un avenir conséquent grâce à l'éducation scolaire bien conçue et adaptée aux besoins réels, c'est-à-dire bien intégrée dans le milieu pour la promotion d'un développement durable de toute la communauté.

Il est temps que la République Démocratique du Congo s'attarde à redynamiser le système de l'éducation, à trouver les nouvelles formules d'orientation de l'enseignement scolaire au profit des jeunes de peur de compromettre la société et son avenir.

C'est cette donne que les pays bien organisés, à travers leurs commissions des états généraux de l'Education, intériorisent pour une planification concertée de l'enseignement. Ils arrêtent certaines mesures afin d'élaborer des programmes en guise de la professionnalisation de l'enseignement qui s'oriente vers un développement harmonieux. La volonté serait de scolariser toute la population grâce à la carte scolaire bien élaborée.

5.9 Références bibliographiques

Axelle, K. (1992), «Et si l'Afrique refusait le développement ?» Paris : Harmattan

Beaujeu-Garnier, J. (1983), «Géographie urbaine», Paris : Armand Colin

Braudel, F. (s.d), «Civilisation matérielle et capitalisme», Paris : Armand Colin

Chantal, V. (1991), «Pratique du développement, l'action, des églises dans les pays du Sud», Paris : Cartelan

Erny, P. (1972), «L'enfant et son milieu en Afrique noire», Paris : Payot

Gentilini, M. (1993), «Médecine tropicale, Paris : Flammarion

Goffaux, J. (1986), «Problèmes de développement», Paris : C.R.P.

Guillaume, T. (1980), «L'économie du sous-développement», Paris : Dalloz

Hellman, H. (1973), «La ville et l'homme de demain», Paris : Inter-National

Howard, P. (1977), «Urbanisation à la mesure de la société», Paris : P.U.F.

Joseph, D. (1993), «L'art des arts : éduquer un enfant», Haut-Rhin : Salvator

Lauche, C. (1965), «Des hommes et des villes», Paris : Payot

Laqueur, W. & Rubin, B. (1994), «Anthropologie des droits de l'homme», New York : Nouveaux Horizons

Lesueur, C. (1964), «Les Sociétés d'intérêt collectif agricole», Paris : Dunod

Le Thanh Khoi (1981), «L'éducation comparée, Paris : Armand Colin

Merene, E. (1981), «Dictionnaire des termes géographiques», Paris : Nouvelle Maison

Mulumbati Ngasha (1977), «Introduction à la science politique», Lubumbashi : Africa

Mulumbati Ngasha (1988), «Sociologie politique», Lubumbashi : Africa

Naville, P. & Sivadon, P. (1973), «Traité de psychologie médicale», Paris : P.U.F.

Nyerere, J. (2000), «Symposium sur l'éducation des filles», Etats-Unis
Remy, J. (1976), «La ville : phénomène économique», Paris : Audin
Rocher, G. (1968), «Introduction à la sociologie générale», Paris : H.M.H.
Stolern, L(1974). «Vaincre la pauvreté dans les pays riches», Paris : Flammarion

B. ARTICLES

Aimé Damiba (1985), «Le rôle de la planification dans l'élaboration et la mise en œuvre de la réforme éducative en Haute-Volta», in *La planification de l'éducation*, vol. II, pp.299-314.

RAPPORTS ET AUTRES DOCUMENTS

Assemblée Nationale (2006), «Constitution de la République Démocratique du Congo, Kinshasa
Kitaba kya-Ghoanys (2004), «Les ONGD à l'épreuve de la dynamique paysanne dans la ceinture verte de Lubumbashi, Analyse sociologique de l'ONGD-ADRA, à Bulaya», Mémoire de DEA, Université de Lubumbashi
UNESCO (1999), «La situation des enfants dans le monde», New York
UNICEF (2000), «Enquête MICS 2/2001», Kinshasa

6 CHAPITRE VI : LES ENJEUX SOCIOECONOMIQUES DU TRAVAIL DE LA FEMME DANS LES ENTREPRISES PUBLIQUES A LUBUMBASHI

KAYIBA BUKASA

6.1 Introduction

Depuis la nuit des temps, la femme a toujours joué un rôle important dans la vie quotidienne. Pendant que l'homme travaille, la femme s'occupe de la maison et de l'éducation des enfants que ça soit dans le milieu rural qu'urbain.

Mais, à partir du 19ème siècle, le recours à une main-d'œuvre supplémentaire se fait sentir. Les femmes ont commencé à être présentes dans la vie active. Elles étaient alors maîtresses d'école, domestiques, ouvrières, fermières, commerçantes ou faisaient la couture à domicile pour les autres.

Avec l'évolution du monde moderne par rapport à celui traditionnel, il est nécessaire qu'une femme apprenne, connaisse et ait un métier. Cela est envisagé comme un palliatif dans la résolution de certains problèmes en cas de circonstances, telles que la maladie, le divorce, le veuvage, voire l'incapacité du conjoint. Voilà ce qui réjouirait toute la nation tant il est vrai qu'une femme porte en elle une substance vivifiante dans toute civilisation durable et toute culture digne d'elle.

Au fur et à mesure qu'évolue le travail, la perception des conditions de vie de la femme change également. Nous la voyons s'intégrer timidement mais sûrement dans la vie active. Actuellement, en plus des tâches qui lui sont reconnues officiellement et historiquement, la femme murit l'ambition de participer activement au monde du travail.

Il y a peu de temps encore, il était entendu que la véritable vocation de la femme était d'être au foyer, et si dans la classe ouvrière, la femme a toujours travaillé ; dans la classe bourgeoise, elle restait à la maison. Les choses ont bien changé : les ouvrières rêvent de rester à la maison, les bourgeoises, elles, rêvent de travailler au dehors. On pourrait penser, à ce propos, que le snobisme a son mot à dire en écoutant les femmes de la bonne société parler de leurs «boulots». Toutefois, les statistiques remettent le problème à sa véritable place.

Cette prise de conscience de la femme de valoriser ses capacités dans la vie active est tout à fait légitime. On ne peut que l'y encourager même si le pourcentage de représentativité du travailleur féminin est encore faible.

6.2 Les enjeux sociaux dans le monde du travail féminin

6.2.1 Considération de la femme en Afrique

Dans les entreprises publiques à Lubumbashi, l'on a constaté que les femmes y étaient représentées faiblement par rapport aux hommes. Cela a constitué une inquiétude pour nous. Nous avons estimé qu'il fallait décortiquer ce fait pour comprendre l'apport de la femme dans l'économie d'une contrée ainsi que les retombées de ce travail sur la réduction de la pauvreté.

La chaire d'Etudes Africaines de l'Université Catholique de Louvain avait organisé un colloque en Mars 2003 sur le thème : « Conditions féminines et mutations sociales dans l'Afrique contemporaine ». A l'issue de ce colloque, plusieurs articles ont été publiés parmi lesquels celui de Gertrude Tshilombo Bondo. Cet auteur s'est posé une question fondamentale, celle de savoir s'il existe un féminisme africain. Pour nous éclairer davantage sur la question, elle définit le féminisme en ces termes : «Le mot féminisme a été forgé par le français Charles Fourier, en 1837, pour désigner une doctrine qui proposait d'étendre le rôle des femmes dans la société».

Dans les traditions africaines et à l'époque coloniale, la femme était partout et en tout temps marquée du sceau de son infériorité biologique. Son rôle primordial était celui de reproduire l'humanité et de s'affairer aux travaux domestiques et champêtres.

En tant que femmes noires, les africaines font l'objet de représentations qui font de leur condition une abomination d'une cruauté indescriptible.

En Afrique précoloniale, il n'y avait pas moyen de parler de la lutte pour l'égalité entre les deux sexes. Mais, par l'intermédiaire de leur groupe, les femmes intervenaient directement ou indirectement dans la marche générale de la vie de la communauté. Elles étaient consultées et écoutées pour les décisions importantes. Les plus âgées participaient aux réunions des hommes. Les récits historiques rapportent les exploits des femmes Haoussa qui, en Afrique de l'Ouest (Niger, Tchad), ont fondé des cités et conquis des Royaumes et dont les noms sont toujours présents comme appellation de certaines localités. On connaît les Amazones du Dahomey et les légions féminines qui combattaient dans les armées de Monomopata.

Avec l'interruption brusque du fonctionnement des institutions traditionnelles et leur remplacement pour et en fonction des hommes qui devaient recevoir une certaine formation pour devenir des agents du nouveau pouvoir, les femmes virent s'effondrer les bases matérielles et spirituelles sur lesquelles reposait leur autorité.

Pour les filles, la colonisation créa des écoles des monitrices qui donnèrent à la femme enseignante un certain sens de responsabilités. En Afrique noire, les commerçants les plus prospères sont les femmes. Les marchés africains sont occupés majoritairement par des femmes. Il est peu probable que les commerçantes et les agricultrices qui vendent leurs produits au marché remettent la totalité du produit de leur travail à leurs époux.

Au regard de tout ce qui est dit ci – haut, l'on constate que la femme n'a pas les mêmes considérations que l'homme. Quel que soit son niveau d'instruction, la femme est considérée non pas au regard de son intellectualisme, mais plutôt au regard de ses différences biologiques.

Cette façon de voir les choses se justifie en Afrique tout simplement parce qu'on cherche à préserver nos coutumes, notre culture qui renvoient la femme à son rôle d'épouse et de mère et aux tâches ménagères.

6.2.2 Perception et encadrement de la femme en RDC

Les femmes font partie intégrante de tout processus de développement. Leur rôle et leur importance sont désormais reconnus par toutes les politiques de développement. La femme considérée comme être faible dans la société à travers le monde, a fourni des efforts pour quitter son état embryonnaire et pour se valoriser comme son collègue homme.

Avant de passer en revue la perception de la femme en RDC, il s'avère impérieux de nous fixer sur le concept de femme : La femme est la norme de l'idéal, de puissance et de beauté qui caresse l'espèce humaine. Elle a dominé la création par ses attraits particuliers qui lui ont fait une sorte de pouvoir incantatoire sur les limites humaines.

Bernard Nkaloula, dans «Dynamique paysanne et développement rural du Congo» dit que la femme est une personne de sexe féminin par opposition à l'homme, personne de sexe masculin. La femme est cet être vulnérable assumant la majeure partie du travail domestique et qui est responsable première de l'éducation des enfants dans les sociétés africaines.

C'est ainsi qu'à travers toutes les sociétés, les femmes mènent des démarches pour s'émanciper. Nous allons essayer de voir comment la femme est perçue en RDC dans le milieu traditionnel et dans le milieu moderne.

Malemba N'sakila (2003) confirme ceci : La femme assume des responsabilités spécifiques que définit le contexte historique de son existence, ainsi que la confirmation de sa parenté. C'est ainsi que les rôles se saisissent différemment, selon que la vision du monde qui sous-tend le groupe relève du modèle traditionnel ou du modèle des comportements.

Il continue en insinuant que deux tendances peuvent être dégagées dans la perception de la femme auprès des Congolais à l'heure actuelle, il y a, d'une part, une tendance traditionaliste et, d'autre part, une tendance progressiste.

La tendance traditionaliste se caractérise par l'embrigadement des perceptions dans les limites culturelles correspondant à une vision traditionnelle des fondateurs du groupe.

Selon cette tendance, les hommes restent accrochés aux clichés des ancêtres, qu'ils soient patrilinéaires ou matrilinéaires. S'ils sont patrilinéaires, ils affichent leur phallocentrisme en dépit de la dynamique socio-historique et des ouvertures nouvelles des connaissances. Mais, les matrilinéaires font montre d'inattention et d'insensibilité notoire vis-à-vis de leurs conjointes. Ils considèrent celles-ci comme étant simplement mères des enfants qui, du reste, ne leur appartiennent pas.

La tendance progressiste tire profit des mutations profondes du moment, de l'évolution de la mentalité suite à la mise en présence et aux contacts entre les différentes cultures. La femme apparaît ici comme compagne de vie, collaboratrice de l'homme, protectrice de la dignité et porteuse de l'épanouissement de l'homme et des enfants. Cette tendance est encore minoritaire.

A cet égard, des femmes intellectuelles et celles engagées dans diverses sphères de la vie publique sont encouragées. Si la maternité est encore recherchée, mais elle n'est plus souhaitée d'une façon abondante.

Dans toutes les sociétés, tant animales qu'humaines, il y a toujours une hiérarchie de sexes. Chez les humains, cette hiérarchie fait que depuis des années, partout dans le monde, hommes et femmes n'ont jamais eu les mêmes droits. C'est ce que Kate Millet a décrit de la manière suivante : «ce qu'on oublie dans la société actuelle, c'est que l'homme impose ses lois à la femme, en vertu d'une sorte de «colonialisme intérieur» considéré comme naturel. La politique du mâle, le pouvoir mâle, repose sur un patriarcat précédé d'une longue histoire qui le rend, semble –t-il, inébranlable. Qu'il s'agisse de l'armée, des partis politiques… et, partout le mâle règne en maître. Par compensation, la femme s'est vue traitée en idole ou en poupée mais toujours exploitée».

Traditionnellement, la femme était considérée comme un être mineur, destinée à des rôles secondaires dans la vie sociale. Et si, quelque part, certaines femmes ont joué un rôle politique, c'est sûrement toujours sous la direction de l'homme.

La perception de la femme dans le milieu traditionnel peut être bien appréhendée lorsqu'on sépare l'époque précoloniale de l'époque coloniale.

A l'époque précoloniale, la RDC était, comme la plupart des pays africains, régie par les droits coutumiers où l'hégémonie de l'homme était de règle. D'ailleurs, dans la plupart des cas, c'est l'homme qui élaborait cette coutume. La femme n'avait que peu de droits, elle ne participait pas à la gestion de la chose publique encore moins à celle de la famille sauf des rares cas des reines influentes que rapporte l'histoire des tribus comme les Lunda au Katanga, les Bashi au Kivu et les Kongo au Bas – Congo.

Mais la femme devait accepter et respecter l'ordre établi par l'homme de peur d'être sanctionnée. A cette époque la situation de la femme s'empira davantage étant donné qu'elle restait inférieure à l'homme.

Durant cette période, la femme ne sentait pas son infériorité bien qu'elle était écartée de la gestion des choses publiques, elle avait un rôle à jouer dans le domaine économique et même social. On peut dire que la femme était respectée dès qu'elle avait des enfants, c'est-à-dire par la maternité.

Sur le plan socioéconomique, dans les différentes communautés précoloniales congolaises, rien ne comptait que l'augmentation des membres du clan, qu'on considérait être la principale source de richesse pour la société. Dans ces conditions, l'homme utilisait la femme comme un instrument à multiplier les membres du clan. C'est ainsi qu'on trouvait facilement un homme avec plusieurs femmes, et ce, dans le but d'avoir plus d'enfants afin d'agrandir le clan. Plus une femme était mère, plus elle était respectée.

En plus, la femme était pour l'homme un moyen pour étendre ses travaux de champs. Il fallait en avoir beaucoup pour avoir autant de champs que leur nombre. Dans la société précoloniale, une paresseuse n'était pas considérée.

De l'examen de la condition de la femme congolaise dans la société précoloniale, nous pouvons retenir que la femme n'était pas l'égale de l'homme. L'homme, à travers la coutume et les pratiques culturelles, considérait et traitait la femme avec mépris. Mais elle avait aussi une certaine place, un certain rôle à jouer dans la société.

Au contact de la civilisation occidentale, le rôle de la congolaise connut un brusque changement avec la révolution industrielle. La période qui suivit la pénétration coloniale fut marquée par une orientation nouvelle du rôle de la femme congolaise dans la société.

En fait, la pénétration de l'influence occidentale modifie le contexte social traditionnel et engendre des faits nouveaux : l'apparition de nouvelles activités en dehors de l'agriculture, nées de l'industrialisation et de la mécanisation entraînant le passage de la vie rurale à la vie urbaine qui provoque l'éclatement de la structure familiale.

Soumise à des traditions et mœurs différentes de celles de cette civilisation, la femme congolaise se voit mal préparée à jouer son rôle dans cette nouvelle société.

Avec l'urbanisation, la femme congolaise citadine est devenue oisive. Elle allait assister presque en spectacle à tout ce que le milieu urbain rendait possible sans rien en profiter.

Elle ne pouvait pas accéder à la formation même sommaire que le colonisateur donnait à l'homme ni même exercer un métier salarié en dehors de son foyer. La question relative à la promotion de la femme congolaise ne préoccupait nullement le colonisateur. La femme congolaise en milieu urbain ne participait plus à la production économique du fait qu'elle n'allait plus au champ, elle n'attendait que le salaire de son mari et les ravitaillements que les sociétés employeuses leur distribuaient, l'homme devint seul producteur de la femme.

Loin de la protection coutumière, sans instruction ni formation professionnelle, ni participation à la production économique, la femme s'est vue inférieure à l'homme.

La conséquence la plus flagrante de l'évolution tardive de la femme est que l'homme évolué ne peut trouver de compagne ayant un niveau d'instruction semblable au sien. Il manque essentiellement à l'homme africain un milieu social, un milieu humain que seule la femme peut créer.

Conscientes du rôle important que peut jouer la femme dans le développement politique, économique, social et culturel de notre pays, les autorités mettront au point une politique d'intégration de la femme dans la vie publique.

Il conviendrait donc de l'intégrer dans le processus de développement afin qu'elle aussi participe, aux côtés de l'homme, à l'édification de la nation. D'ailleurs, cette réalité était bien stigmatisée par feu le Président Mobutu Sese Seko, quand il déclarait dans son discours du 20 mai 1975, nous citons : la citoyenne zaïroise doit participer aux côtés de l'homme au développement de son pays. Restreindre leur participation serait asphyxié le pays en le privant de bras et de cerveaux.

D'une façon générale, la femme congolaise moderne est définie en ces termes : c'est elle qui, par le concours des circonstances, a échappé d'être illettrée, qui sait lire, écrire et calculer, parfois parle français ou anglais. Elle a échappé au poids de la tradition rurale, elle à qui l'homme, le maître, confie quelque rôle moderne qu'il veut bien lui confier et lui retirer si elle proteste. Affranchie des coutumes, elle n'accède pas, cependant, à toutes les fonctions dans l'enseignement, l'entreprise et dans la société moderne. Elle constitue une infime minorité et préserve jalousement ses acquits comparativement à ses consœurs rurales.

L'introduction de progrès techniques n'a pas beaucoup changé les conditions matérielles de l'existence de cette femme en ville. Sa vie n'apparaît pas radicalement différente de ce qu'a pu être celle de sa mère ou celle de sa grand-mère. La mentalité traditionnelle la talonne. Par exemple : la femme enceinte connaît son état, si elle le tait le plus longtemps possible. C'est qu'aucune allusion directe ne doit être faite concernant cette grossesse, ce serait attirer le mauvais sort.

D'aucuns l'ont parfois qualifiée, de façon hâtive à notre sens, de stagnation, il y aurait là, dit-on, refus du progrès de la part de la femme.

L'instruction qu'elle a reçue n'a pas toujours un impact sur les traditions. On la voit encore recourir au guérisseur traditionnel avant le recours à la médecine moderne. Les femmes, instruites ou non, continuent dans cette voie parce que culture et tradition sont primordiales dans ce sens qu'elles impliquent l'héritage des ancêtres et la continuité de la descendance.

C'est dans cette ambivalence (tradition – modernisme) que ces deux types de femmes vivent encore aujourd'hui en RDC.

L'année 1975 fut proclamée par l'ONU pour la femme. Et un plan d'actions mondiales pour cette décennie, contenant un ensemble d'actions à entreprendre par les Etats membres, avait été mis sur pied. Ce plan visait à promouvoir une société où les femmes participeraient véritablement et pleinement à la vie sociale, économique et politique.

En 1979, les Nations Unies ont adopté la convention sur l'élimination de toutes les formes de discrimination à l'égard des femmes.

En 1980, la deuxième conférence mondiale sur les femmes a été convoquée à Copenhague pour évaluer les progrès accomplis depuis la 1ère conférence mondiale et a défini les mesures à prendre durant la seconde moitié de la décennie. Les Nations Unies ont convoqué, à Nairobi, en Juillet 1985, la 3ème conférence mondiale sur les femmes. Cette conférence a adopté les stratégies prospectives d'action de Nairobi pour la promotion de la femme jusqu'à l'an 2000. Depuis l'adoption en 1985 de ces stratégies, des changements politiques, économiques, sociaux et culturels ont eu lieu. Ils ont eu des effets considérables sur les femmes.

En 1990 et 1995, il a été organisé respectivement la 3ème et la 4ème «Conférence mondiale» sur les femmes. La 4ème conférence mondiale a élaboré une plate-forme d'action mondiale comprenant 12 points prioritaires pour combattre, notamment :

- L'inégalité entre l'homme et la femme dans le partage de pouvoir et la prise de décision à tous les niveaux ;
- L'insuffisance des mécanismes chargés, à tous les niveaux, de favoriser la promotion de la femme ;
- L'inégalité au niveau des structures politiques et économiques, de toutes les formes d'activités de production et de l'accès aux ressources.

Madame Bolie (1993), dans «Evaluation de l'état d'application de la convention sur l'élimination de toutes formes de discrimination à l'égard de la femme au Zaïre», dit que la condition de la femme congolaise a connu historiquement des mutations suite aux changements sociaux, politiques et économiques.

La Constitution de 1967 fait de la femme électrice et éligible. Sans oublier plusieurs autres textes qui, depuis lors, voient le jour dans le cadre du mouvement d'émancipation de la femme.

Chombart de Laure parle du Mouvement d'émancipation de la femme en tant qu'idéologie politique, qui apparaît comme une autonomie accordée prématurément (sinon gratuitement) à un être jeune, à un mineur incapable de se prendre en charge.

Elles sont interpellées pour se prendre en charge et prendre en charge le destin de la femme, dont elles doivent assurer, mieux arracher la promotion et non l'émancipation.

Parler de la perception de la femme congolaise revient à parler du leadership politique féminin. Albertine Tshibilondi, dans son article «les enjeux de l'éducation pour un leadership politique féminin», est arrivée à la conclusion selon laquelle en République démocratique du Congo, les femmes sont partie prenante de l'activité économique du continent. Leur rôle dans l'agriculture et le commerce est incontestable. Mais la représentativité féminine au niveau politique et des affaires publiques est, comme partout ailleurs, minoritaire. On a tendance à la justifier par le poids de la tradition africaine.

6.3 L'impact du travail féminin sur l'économie nationale

Le rôle économique et social que la femme est appelée à jouer dans une société moderne est très différent du rôle qu'elle jouait dans les milieux coutumiers. La femme est appelée aujourd'hui à de nouvelles fonctions qui risquent de se développer au risque de mettre à l'écart sa fonction maternelle. Par la force de cette évolution, la femme sera appelée à se marier de plus en plus tard, et sa situation dans son foyer sera bien différente de celle de jadis du fait seulement qu'elle est salariée ou que sa vie urbaine l'empêche de se consacrer aux travaux féminins traditionnels.

Il convient d'éclairer les esprits sur l'importance de l'encadrement de la femme congolaise qui apparaît de plus en plus présente à la face du monde. Elle émerge dans beaucoup de domaines de la vie. Cette conscientisation de la femme nous interpelle et nous oblige à passer en revue les différents aspects de l'encadrement de la femme congolaise afin de justifier sa présence dans la vie active au sein des entreprises publiques à Lubumbashi.

L'éducation est l'action de développer un ensemble de connaissances et de valeurs morales, physiques, intellectuelles, scientifiques considérées comme essentielles pour atteindre le niveau de culture souhaitée.

L'éducation permet de transmettre, d'une génération à l'autre, la culture nécessaire au développement de la personnalité et à l'intégration sociale de l'individu. L'organisation de l'éducation et de l'enseignement a longtemps été le monopôle des religions qui ont ainsi pu transmettre, de génération en génération, leur vision du monde et de la morale.

L'éducation ne se limite pas à l'instruction stricto sensu qui serait relative seulement aux purs savoir et savoir – faire (partie utile à l'élève : savoir se débrouiller dans le contexte social et technique qui sera le sien). Elle vise également à assurer à chaque individu le développement de toutes ses capacités (physiques, intellectuelles et morales). Ainsi, cette éducation lui permettra d'affronter sa vie personnelle, de la gérer en étant un citoyen responsable dans la société où il évolue, capable de réfléchir pour pouvoir éventuellement construire une nouvelle société.

En pratique, tout le monde est d'accord pour considérer que certains savoirs essentiels font partie du bagage minimum du citoyen et qu'inversement il n'est pas d'enseignement possible sans un minimum de pures conventions (comme l'alphabet par exemple) et de capacités relationnelles, donc d'éducation. Instruction et éducation sont souvent confondues.

Kasongo Nkulu (2007 – 303) définit l'éducation en ces termes : «L'éducation est un droit fondamental. Elle est une nécessité inaliénable pour chaque être humain, car elle a une finalité. Nous devons faire un grand effort et de sacrifices pour y parvenir». Etant donné que, dans la société, tous les membres n'agissent pas de la même manière, chacun a un comportement distinct qui le différencie des autres. Les comportements ne sont que les résultats de l'éducation reçue par chacun. La finalité de la société au travers de l'éducation est de rendre tout individu membre capable de s'assumer, de maîtriser les réalités sociales, de s'épanouir à partir de l'apprentissage acquis, de l'effort de soi et de l'influence du milieu.

C'est dire que, la réalisation de l'éducation est le fruit de beaucoup de partenaires ou acteurs. Elle est un fait qui débute dans le toit familial ou collectivement l'entourage familial (parents, frères et sœurs, etc.), apprend à l'enfant, en premier lieu, les valeurs, les schémas et les principes essentiels de la vie.

L'hypothèse suivante avancée par Tshibilondi (2005 -) nous a permis de pousser notre réflexion plus loin : une prise de conscience par les femmes de leur situation et des discriminations dont elles sont victimes, une éducation nouvelle, de qualité, dans tous les domaines, pour les filles et les garçons, ainsi qu'une meilleure organisation des femmes pour la défense de leurs droits et l'autonomie financière, constitueraient des atouts pour l'exercice réel de leur pouvoir dans l'espace africain. En effet, l'analphabétisme et l'ignorance de leurs droits fondamentaux 'affaiblissent le pouvoir d'actions des femmes et constituent un handicap majeur pour leur accès aux postes de décisions et de responsabilités.

Les filles et les femmes de la plupart des pays en développement ont un accès bien moindre à une éducation de qualité que leurs homologues masculins. Il s'agit là d'une question majeure qui interpelle dirigeants et chercheurs.

Un lien solide a été établi entre un accès plus grand des filles aux possibilités d'éducation et une amélioration de la santé, du planning familial et du développement humain.

L'adage qui dit : «Eduquer une femme, c'est éduquer une nation» a parfaitement raison d'être aux vues des responsabilités immenses, qui incombent à la femme porteuse et donneuse de vie et éducatrice de par sa nature, et de son rôle dans la famille et dans la société. Dans les saintes écritures, la parole de Dieu (Sainte Bible (2007 – 1277) dit : «Mon peuple périt faute de connaissances».

C'est pourquoi dans la bataille de la participation de la femme à la prise de décision, l'éducation demeure une stratégie majeure. L'école, par le rôle prépondérant que joue l'éducation dans la promotion de la femme est un passage obligé pour cette dernière.

D'après Kasongo Nkulu (2007 – 303), «L'éducation n'est pas seulement statique, elle est continuelle, perpétuelle en ce sens que même les adultes peuvent recevoir de l'éducation. (….) Une bonne éducation sera accompagnée de l'instruction et vice versa».

En RDC, comme partout dans les pays en développement, l'instruction de la fille a toujours été négligée par les parents à cause du maigre revenu et de la mauvaise conception que l'on se fait de la destinée de celle-ci, or à la base de la connaissance est l'instruction. Pour comprendre sa raison d'être et s'adapter aux exigences du monde moderne, la femme congolaise doit apprendre.

Dès lors, la femme congolaise revendique à juste titre l'accès à l'enseignement supérieur bien qu'il n'existe aucune mesure discriminatoire lors de l'inscription à l'université. La société par contre a forgé un modèle social qui freine la femme congolaise à poursuivre les études universitaires, modèle qui la renvoie à la maternité et à privilégier beaucoup plus les valeurs intellectuelles de l'homme que les siennes. Avant de tirer une conclusion sur l'opportunité des filles d'accéder à l'instruction, un exercice sur terrain nous a révélé ce qui suit : L'enseignement à Lubumbashi est constitué de trois parties distinctes :

- L'enseignement maternel
- L'enseignement primaire et secondaire
- L'enseignement supérieur et universitaire.

Dans le cadre des projets prioritaires de la ville, seuls les deux derniers types d'enseignement sont évoqués, à savoir : l'enseignement primaire et secondaire et l'enseignement supérieur et universitaire.

Dans le cadre de l'enseignement primaire et secondaire, on distingue deux secteurs d'écoles :

- Le secteur public qui regroupe les écoles non conventionnées et les écoles conventionnées (catholiques, méthodistes, Kimbanguistes, etc.) ;
- Le secteur privé comprenant des écoles privées appartenant à des hommes d'affaires ou des sociétés.

L'enseignement primaire et secondaire du secteur public est supervisé par trois sous- divisions qui sont :

- Lubumbashi I, qui couvre les communes Lubumbashi et Annexe et encadre 100.000 élèves dont 57.380 élèves du secteur public ;
- Lubumbashi II, qui comprend les communes Katuba, Kenya et Kamalondo avec 70.148 élèves dont 40.351 sont du secteur public ;
- Lubumbashi III pour les communes Kampemba et Rwashi avec une population de 114.000 élèves avec 44.180 pour le secteur public.

6.4 Le travail de la femme et la réduction de la pauvreté

Avant de passer à l'état de lieu de l'emploi des femmes dans les entreprises publiques à Lubumbashi, il sied de placer un mot sur le contenu du terme «Entreprise publique». Une entreprise publique est une institution dotée de la personnalité juridique et de l'autonomie financière relevant du secteur public et exerçant une activité industrielle et commerciale. Il est de plus en plus rare que l'Etat gère ses activités économiques directement «en régie», selon l'expression habituellement utilisée. C'est essentiellement par le biais des entreprises publiques que s'effectue cette gestion. La création d'institutions relativement autonomes est, de loin, la plus pratiquée.

Nous avons constaté, sur terrain, qu'il n'y a pas d'emplois prédéfinis féminins. Néanmoins, les travailleurs féminins qui se présentent, sont affectés chacun au poste postulé. Ce qui signifie que la société les trouve aptes au poste auquel ils sont affectés.

A ce niveau, l'approche des capacités que prône Martha Nussboum a sa raison d'être car les femmes, bien que compétentes, doivent montrer à la face du monde qu'elles sont capables de se défendre aussi valablement que les hommes. Les capacités humaines étant définies comme ce dont les hommes sont véritablement capables (de faire ou de devenir dans) leur réalité quotidienne.

Dans les pays en développement comme la RDC, l'étude des capacités humaines, envisagées comme base pour des principes politiques fondamentaux, est centrée sur la vie des femmes. A peu près partout dans le monde, les femmes manquent de soutien en ce qui concerne les fonctions fondamentales de la vie humaine. Elles sont moins bien nourries que les hommes, en moins bonne santé, plus exposées à la violence physique et aux abus sexuels. Elles ont beaucoup moins de chances que les hommes de savoir lire et écrire, et ont encore moins de chances de bénéficier d'un enseignement pré- professionnel ou d'une formation.

Si elles essaient d'intégrer le monde de travail, elles se heurtent à de plus grands obstacles encore, notamment aux mesures d'intimidation exercées par la famille ou par l'époux, à la discrimination sexuelle en matière de salaire et au harcèlement sexuel sur le lieu de travail ; – tout cela, souvent, sans réel recours légal. Pareils obstacles entravent fréquemment leur participation effective à la vie politique.

Au regard de cette affirmation, nous estimons que la femme doit faire montre de ses capacités pour pouvoir se valoriser dans la société où elle évolue.

Une question reste, cependant, pendante : La femme congolaise est-elle en mesure d'exercer le pouvoir politique sous sa forme populiste ? Préoccupé par cette question, Bernard Obotela L (2009-48) stigmatise à ce sujet : «Il est à noter que dans cette forme de pouvoir d'Etat, la légitimité de son détenteur est fondée dans les rapports qu'il tisse directement sans intermédiaire politique ou sociologique avec les différentes couches sociales qu'il gouverne.(….) Cette dernière nécessite la mise en étalage de la maîtrise de la technicité liée à la connaissance qui s'impose dans la capacité de gérer une collectivité et ses différentes ressources dans le processus historique».

A la lumière de ce qui précède, nous pouvons noter que la femme congolaise travailleuse accuse beaucoup de faiblesse dans la conquête de l'exercice du pouvoir dans un système organisationnel. Il est constaté, à son actif, un bas niveau en techno-science, dû à la pauvreté économique qui ronge la famille nucléaire.

Cette dernière éprouve d'énormes difficultés pour la prise en charge des filles à l'âge de scolarité, chemin obligé pour la maîtrise de la technicité pouvant permettre l'acquisition des connaissances susceptibles de gérer un système socio-économico-politique et ses différentes ressources comprises dans l'historicité.

Par contre, pour les entreprises, outre les effets négatifs évoqués, le harcèlement sexuel peut aussi expliquer le fait que des employés précieux quittent ou perdent leur emploi, alors qu'ils avaient fait preuve de leurs aptitudes. Autoriser un climat de tolérance du harcèlement sexuel donne à l'entreprise une mauvaise image, où les victimes se plaignent et rendent publique leur situation.

Enfin, pour la société, le harcèlement sexuel empêche la promotion de la femme, freinant ainsi le développement de l'homme en faisant perdurer la fausse opinion selon laquelle «les femmes travailleuses se prostituent sur le milieu du travail».

Les facteurs et les agents favorisant les violences sur le lieu de travail étant ainsi discernés, il va falloir proposer quelques ébauches de solutions.

La société congolaise doit assurer une éducation des masses ayant trait au changement des mentalités pour la restauration des valeurs morales et chrétiennes. Elle doit éduquer et former les filles par l'instruction afin de libérer la femme des tabous par une prise de conscience effective. Elle doit vulgariser les lois qui protègent la femme, apprendre à l'enfant dès le bas âge à respecter son corps et respecter l'autre.

Le PNUD établit deux indices composites de développement humain (I.D.H).

L'ISDH : indicateur sexo-spécifique de développement humain. Il s'agit de l'IDH calculé séparément pour la population masculine et pour la population féminine, avec un facteur de correction pour représenter le fait que la durée de vie des femmes est naturellement plus élevée. La discrimination sexuelle est considérée comme extrême lorsque l'ISDH féminin est inférieur de vingt points à l'IDH.

L'IPF = indicateur de la participation des femmes. Il s'agit d'un indicateur essentiellement orienté sur la participation des femmes dans le processus de décision économique. Il n'existe pas de relation linéaire entre ces deux critères de développement. Bien que le premier puisse être élevé, le second peut être tout autant faible.

Il convient de signaler que la discrimination fondée sur le sexe est illégale dans de nombreux pays. Mais, même après l'égalité de sexes établis dans la loi ou la constitution, il reste souvent des us et coutumes conférant des «droits» ou des «privilèges aux hommes ou aux femmes. Dans certains domaines, les femmes peuvent paraître avantagées, notamment en ce qui concerne :

Les obligations militaires ;

L'âge de la retraite ;

Les droits de pension ou de garde d'enfants en cas de divorce.

Néanmoins, les statistiques relatives à la pauvreté signalent souvent un désavantage féminin, notamment pour celles qui restent seules avec leurs enfants.

Les hommes sont davantage avantagés dans le développement de leur carrière. Dans ce domaine, la maternité est pour les femmes un handicap (notamment lorsqu'elles prennent un congé parental prolongé), alors que le fait d'être père de famille constitue pour l'homme un atout dans la carrière, notamment pour les cadres supérieurs.

Les salaires des femmes sont souvent inférieurs à poste identique, et l'exercice du pouvoir dans l'entreprise est trop souvent l'apanage des hommes. Enfin, en politique, les femmes sont nettement moins présentes, sauf dans les pays scandinaves. Ce déséquilibre a donné lieu au concept de parité.

Dans le monde du travail, la disparité reste immense : les possibilités d'emploi sont moindres pour les femmes et la précarité plus grande pour elles, et elles doivent trop souvent, pour réussir professionnellement, s'adapter au modèle masculin et en adopter les valeurs de compétitivité et d'agressivité.

L'inégalité des sexes que nous décrions en ce jour, n'est pas un fait brusque. C'est plutôt un phénomène qui a commencé à s'installer dans la vie active progressivement. La conscience humaine a incarné cette réalité sans s'en rendre compte. Cette disparité existe tout autant dans le monde familial que domestique.

Le rapport de l'ONU en vue de la Conférence de Pékin en 1995, a démontré que les femmes sont largement victimes de la «double journée». En moyenne, elles consacrent au travail familial et domestique, «invisible» et non rémunéré, beaucoup plus de temps que leurs compagnons. Ce cumul de labeur effectué à l'extérieur et à l'intérieur conduit les femmes à travailler en moyenne 13 % de plus que les hommes.

Les effets négatifs de la prise en charge des filles à l'âge de scolarité sont tributaires du maigre revenu des responsables de ménages.

L'on constate également que la stratégie adoptée par la société congolaise d'assurer une éducation des masses est une résolution à la réduction de la pauvreté. L'éducation des masses ayant trait au changement des mentalités touche les filles et les garçons congolais sans aucune discrimination.

Le garçon et la jeune fille en bénéficient tous et cela leur ouvre la porte à la vie active. D'où la femme, en tant que partenaire de l'homme contribue à la réduction de la pauvreté et au développement socioéconomique de la nation.

6.5 Conclusion

Au terme de cette étude, il convient de nous fixer les idées sur certaines réalités véhiculées par l'homme d'une façon générale autour du travail de la femme. Dans ses fonctions multiples, le travail est intimement lié à l'homme et lui procure une certaine indépendance. Le travail affranchit l'homme de façon générale et, particulièrement, la femme de son état d'infériorité que la culture lui impose.

Par le travail, la femme évoluant dans les entreprises publiques à Lubumbashi, est en train de s'affirmer et de se réaliser. Son exemple, son assiduité au travail propulsent les filles qui sont encore sur le banc de l'école à la rejoindre dans la vie active. Les statistiques des étudiants à l'enseignement supérieur et universitaire montrent que le quart d'étudiants est composé des filles, tandis que les garçons prennent les trois quarts.

D'emblée, nous pouvons conclure que ces filles qui sont minoritairement représentées sur le milieu du travail, le sont parce qu'elles n'ont pas eu les mêmes opportunités pour être scolarisées autant que les garçons. Encore faudra-t-il signaler que leur cursus de scolarisation est parsemé de beaucoup d'obstacles bons ou non désirables, tels que le mariage normal, le mariage précoce, la pauvreté, l'impossibilité du paiement des frais d'études, la prostitution volontaire ou imposée, le harcèlement sexuel, le viol et autres stress de la vie (décès d'un proche parent). D'autres femmes, au contraire, ont prouvé leur bravoure et leur détermination en parachevant les études et en ayant un diplôme leur permettant de se trouver de l'emploi.

L'arrivée des femmes compétentes à tous les niveaux de responsabilités en RDC est l'expression de la parité. En fait, la parité se présente comme une arme à double tranchant : d'une part, elle valorise les femmes compétentes et d'autre part, elle asservit les femmes insuffisamment intelligentes qui ne savent pas à quel saint se vouer et qui se laissent forcément entraîner dans l'oisiveté sur le lieu de travail, sans perdre de vue certaines pratiques non honorables.

La parité est aussi une question des mentalités. On a inculqué à la femme, dès son bas âge, qu'elle doit s'occuper plus du ménage que d'autres choses, qu'elle doit se préparer au mariage qui intervient à n'importe quel moment de sa jeunesse. Elle n'est pas responsable de sa vie ; ce sont ses parents qui décident à sa place. Cependant, certaines familles, minoritaires soient – elles, ont commencé à comprendre l'utilité et l'importance d'accorder à tous leurs enfants : garçons et filles, les mêmes possibilités d'évoluer dans la vie.

La politique paritaire en RDC est prônée pour valoriser la femme dans le milieu de travail. Ce n'est plus l'appartenance à un sexe bien déterminé qui fait l'objet d'un critère d'embauche dans les entreprises publiques de Lubumbashi. Il n'existe pas de métiers essentiellement masculins ni féminins.

De gros efforts ont été fournis par les femmes et par les responsables des entreprises publiques pour que la femme retrouve une place de choix aussi bien que l'homme dans le milieu de travail. Ces femmes qui se retrouvent aujourd'hui, directeurs d'entreprise, chefs de service, le sont parce qu'elles l'ont mérité, sinon la faillite de la maison s'observerait. Et aucun syndicat n'accepterait la chute d'une entreprise occasionnée par un directeur ou un chef de service de sexe féminin hissé à ce poste sans aucune compétence. Bien sûr, certains paramètres inhibiteurs de l'évolution et du fonctionnement normal de la politique paritaire ont été mis en exergue, tels que la pauvreté, les coutumes ancestrales et l'observance de certaines mentalités rétrogrades. Mais la parité elle-même recommande que la femme se dépasse pour se réaliser, qu'elle se libère de certaines réticences injustifiées, qu'elle se mette à la hauteur de sa tâche et qu'elle rende le meilleur d'elle-même pour faire prospérer l'entreprise. Une telle attitude, qu'afficherait la femme, pousserait l'homme à changer de rythme de vie.

La femme ne vient pas remplacer l'homme sur le lieu de travail. Au contraire, elle est présente pour faire prévaloir ses capacités tant physiques qu'intellectuelles. Elle évolue auprès de l'homme pour travailler autant que l'homme. Ainsi, la population congolaise sera-t-elle interpellée sur la déconsidération de la scolarité des filles. Et au fur et à mesure que la femme affiche sa présence dans la vie active, certaines croyances teintées de discrimination sexuelles disparaissent dans la pratique de la vie au quotidien.

6.6 Références bibliographiques

i. Textes légaux

Code de l'éducation (Article 121 – 1), Loi pour l'avenir de l'école du 23 Avril 2005 (Article 5)

La Constitution de la loi électorale de la République Démocratique du Congo du 09 Mars 2006, Commission Electorale Indépendante.

ii. Ouvrages

Bawin le Gros, B. (1996), «Sociologie de la famille, le lien familial sous questions», Paris : De Boeck

Bisilliat, J., et Verschuur, C(2000), «Cahiers genre et développement », Paris : L'Harmattan.

Bissilliat J. et Verschuur, C(1986), «Le genre un outil nécessaire : Introduction à une problématique», Paris : L'Harmattan

Chombart de Louve, M. J. (1990), «La femme», éd. Macheviée

Cotti, C(2000), «La femme au seuil de l'an 2000», Belgique : Collection Horizon

Darreau, P. et Pondaven, C. (1968), «Problèmes économiques et sociaux contemporains», Paris : Ekujas

Du Bois L. et Halpern ; M-C. (1990), «Code commenté du travail. Nouveaux droits et obligations des salariés et des employeurs», Paris : Vecchi, S.A.

Louis Segond (2004), Sainte Bible

Malemba N'sakila (2003), «Enfant dans la rue. Le sans et le hors famille», Lubumbashi : PUL

Mwabila Malela, (1979), «Travail et travailleurs au Zaïre », Kinshasa : PUZ

Nkaloula, B. (1984), «Dynamique paysanne et développement rural du Congo », Paris : L'Harmattan

Obotela Lingule, B. (2009), «Le concept de pouvoir en sociologie politique», Lubumbashi : PUL

Thebaud, F. (1987), «Ecrire l'histoire des femmes», Paris : Ens éditions

Tshibilondi Ngoyi A. (2005), «Enjeux de l'éducation de la femme en Afrique. Cas des femmes congolaises du Kasaï », Paris : L'Harmattan

III. Thèses

Kalunga Tshikala (2008), «Droit minier et développement durable, critique de la théorie et de la pratique du régime minier congolais», Thèse de doctorat en Droit, Université de Lubumbashi
Kasongo Nkulu, (2007) «Carte scolaire du Katanga : Implantation des écoles secondaires dans la ceinture de la ville de Lubumbashi/Commune annexe», Thèse en Sciences de l'éducation, Université de Lubumbashi
Obotela Lingule Li Bosombo (1989), Pouvoir politique et développement à Tshopo et Kisangani, une contribution à l'étude des stratégies de développement au Zaïre, thèse inédite en Sociologie, Université de Lubumbashi
Vi. Mémoires
Kayiba Bukasa, (2006) «Femme développement local dans les communautés de base à Lubumbashi», Mémoire de DEA, Université de Lubumbashi
Taquet Pernelle, Aperçu du service social colonial féminin au Congo (1945-1960) département d'Histoire Contemporaine ULB, inédit.
V. Articles

Bietlot, R., «Méthodes et sciences humaines», in Bulletin scientifique de l'ISC, de Hainaut, T3 n° 3–4, Mars, 1956
BIT, Bureau pour l'égalité des genres, ou l'égalité entre hommes et femmes, Ed. PUF, 2000.
BIT, Genre – Partenaires et égaux, 2000, Genève.
Bolie Nonkwa Mubiala, L'applicabilité des conventions internationales ratifiées par la RDC en faveur des femmes.
Bolie Nonkwa, Evaluation de l'état d'application de la convention sur l'élimination de toutes les formes de discrimination à l'égard de la femme au Zaïre, Kinshasa, 1993, inédit.
Ministère du Plan (2004), Document de stratégie de réduction de la pauvreté. DSRP (version intermédiaire), Mirak impressions, Kinshasa
Mieze Marie Madeleine (2001), «La situation de la femme congolaise : De la traditionnelle à celle moderne, qu'est – ce qui a changé», Kinshasa : ISP/Gombe

Tshibilondi Albertine, «Les enjeux de l'éducation pour un leadership politique féminin», in *Leadership politique féminin face aux enjeux de la reconstruction en RDC.*

7. CONCLUSION GENERALE

Le Katanga méridional est cet espace géographique situé au sud de la province du Katanga en République démocratique du Congo. Cette entité territoriale a constitué un lieu de recherches basées sur la découverte des potentialités qu'elle recèle à travers ses pores. Les actions de développement y envisagées par le pouvoir public, les Organisations Non Gouvernementales de Développement (ONGD) et les Initiatives Locales de Développement (ILD) ont fait l'objet des regards croisés sur la possibilité de la relecture du développement du Katanga méridional.

Incontestablement, le Katanga méridional regorge d'immenses richesses en sous-sol qu'on retrouve sur le tableau de Mendeleïev avec une terre propice pour n'importe quelle spéculation agricole, richesse qui contrarie les conditions de vie de la majorité de la population de cette contrée.

Enfants, jeunes, femmes, adultes et vieillards sont journalièrement confrontés aux problèmes de l'habitat, de la santé, de l'éducation, de l'alimentation et de l'infrastructure de base (eau, routes et électricité). Les interventions des institutions publiques à travers la politique de cinq chantiers et de la modernité ne suffisent pas. Les ONGD et les ILD préoccupées par le développement de la base ne servent parfois que les intérêts des initiateurs et des financiers.

Pour ce faire, le rêve d'une véritable et durable issue du bien-être de la population concernée serait d'entrevoir des actions de développement en tenant compte de la spécificité des réalités locales, de faire participer la femme à tous les niveaux des actions à entreprendre, d'envisager un développement du type entrepreneurship.

TABLE DES MATIÈRES

Auteurs :

KUNKUZYA MWANA CHILONGWE Israël est Docteur en Sociologie. Il est Professeur à l'Université de Lubumbashi. Il est actuellement Chef de Département de Sociologie et Anthropologie, Faculté des Sciences Sociales, Politiques et Administratives. Il est auteur de plusieurs publications.

DELPHIN KAIMBI MPYANA est Docteur en sociologie de l'université de Lubumbashi et professeur associé dans cette même université. Il est actuellement vice-doyen en charge de la recherche à la Faculté des Sciences Sociales Politiques et Administratives. Ses travaux sont orientés vers la sociologie économique et les méthodes quantitatives appliquées en Sciences Sociales. Expert en planification des projets de développement, il est plusieurs fois consulté par les organismes internationaux et bureau d'études pour des travaux d'Analyse des Impôts des Politiques Sociales (A.I.P.S) et environnementales dans le besoin minier du Katanga.

KITABA Kya GHOANYS Floribert est :

Docteur en Sociologie de l'Université de Lubumbashi ;

Professeur à temps plein dans la même université ;

Professeur visiteur à :

L'école de criminologie de l'université de Lubumbashi ;

L'Institut Supérieur de Commerce de Lubumbashi ;

L'Institut Supérieur des Techniques Médicales de Lubumbashi ;

L'Institut Supérieur Monseigneur Mulolwa de Lubumbashi ;

L'Institut Supérieur philosophique de Kansebula ;

L'Université de Likasi.

Membre de la Chaire de Sociologie du développement à l'Université de Lubumbashi ;

Spécialiste en Sociologie de la pauvreté en milieu du Katanga méridional ;

Expert-Enquêteur de l'UNICEF dans l'organisation des Focus groupes pour l'insertion des enfants sortis des guerres, forces armées et vulnérables dans la province du Katanga ;

Secrétaire exécutif honoraire de l'Union des coopératives du Katanga ;

Secrétaire Général Académique honoraire de l'Institut Supérieur de Commerce de Lubumbashi ;

Vice-Doyen honoraire chargé de l'enseignement à la Faculté de Droit, Université de Lubumbashi ;
Directeur honoraire du Centre de Recherche en Sciences Appliquées «CRESA» de l'Institut Supérieur d'Etudes Sociales de Lubumbashi ;
Participant du colloque organisé par l'Université d'Oxford à Kampala/Uganda sur la mobilité des refugiés dans la région des grands Lacs ;
Publication de plusieurs articles sur la question de la réduction de la pauvreté.

NYUMBAIZA TAMBWE est Professeur associé à l'université de Lubumbashi. Ph.D. en sociologie de l'université Witwatersrand de Johannesbourg en Afrique du Sud, il est professeur visiteur à l'université officielle de Bukavu et à l'université de Kalemie. Expert en matières politiques et administratives au ministère provincial de l'intérieur, décentralisation et affaires coutumières du Katanga, il a contribué énormément à la reddition des éléments Bakata Katanga du territoire de Manono. Pour son intérêt particulier à l'agriculture urbaine et périurbaine et à la sécurité alimentaire, Nyumbaiza a participé à de nombreux colloques et à l'élaboration de plusieurs ouvrages collectifs.

KASONGO NKULU KIMBALAMA Alphonse est Docteur en Sciences de l'Education de l'Université de Lubumbashi. Il est Professeur affilié à l'Institut Supérieur d'Etudes Sociales de Lubumbashi. Il enseigne à l'Université de Lubumbashi, Université de Likasi, Institut Supérieur de Commerce de Lubumbashi, Institut Supérieur Interdiocésain Monseigneur Mulolwa de Lubumbashi et à l'Institut Supérieur des Techniques Médicales de Lubumbashi. Membre de la Chaire de Sociologie du développement de l'Université de Lubumbashi, il est Expert-Enquêteur de l'UNICEF dans l'organisation des focus groupes pour l'insertion des enfants sortis des guerres, forces armées et vulnérables dans la province du Katanga en 2014. Ancien Secrétaire Général Académique de l'Université de Likasi, il est actuellement Secrétaire Général Académique de l'Institut Supérieur des Techniques Médicales de Lubumbashi. Il a participé à plusieurs colloques organisés en République Démocratique du Congo et en Ouganda. Il est auteur de plusieurs publications.

KAYIBA BUKASA Gertrude est :
Docteur en Sociologie de l'Université de Lubumbashi,
Professeur à temps plein à l'Université de Lubumbashi,
Membre de la chaire de sociologie de développement,
Spécialiste en questions de gender en milieu professionnel dans la Province du Katanga
Administrateur de budget honoraire à l'Institut Supérieur de Techniques Médicales de Lubumbashi,
Actuellement Secrétaire Général Académique à l'Institut Supérieur de Commerce de Lubumbashi,
Professeur visiteur à l'école de criminologie à l'Université de Lubumbashi,
Participation aux colloques, conférences et séminaires traitant de la question de la femme,
Membre de la fondation Sophie Kanza.
Auteur de plusieurs publications traitant les questions de la femme.

République démocratique du Congo
aux éditions L'Harmattan

Dernières parutions

LA SORCELLERIE CHEZ LES DING DE LA RDC
Nkumisongo Vavi Fabiyo François-Xavier
La sorcellerie constitue une force surhumaine, une croyance et une pratique ambiguë, notamment chez les Ding de RDC. L'accent a été mis sur le rôle, le pouvoir et la position du sorcier ainsi que sur les voies d'accès et celle de sa transmission. D'autres phénomènes sont analysés tels que l'incarnation, la réincarnation, l'antisorcellerie, la science et la recherche scientifique. Sans oublier le génie créatif ou inventif propres à chaque peuple. Également liée à la religion, elle est à ce titre l'opium du peuple Ding. Elle bloque par l'envoûtement, il faut chercher à la débloquer par des mécanismes d'antisorcellerie.
(Coll. Géopolitique mondiale, 12.00 euros, 106 p.)
ISBN : 978-2-343-04505-4, ISBN EBOOK : 978-2-336-37078-1

CONVICTIONS ET ESPÉRANCES POUR LA RÉPUBLIQUE DÉMOCRATIQUE DU CONGO
Verbatim (2008-2014)
Mukalay Nsungu Banza - Préface de Manda Tchebwa
Ce livre restitue la vision de l'homme politique pour son pays au travers des «écrits et des dits». Le lecteur découvre les idées-forces du politique qui accompagne le développement d'un secteur socioculturel de la RD Congo. Banza Mukalay Nsungu a été élu quatre fois député de Lubumbashi et ministre dans plusieurs gouvernements. Il est depuis 2012 ministre de la Culture et des Arts de la RD Congo.
(Coll. Comptes Rendus, 21.00 euros, 210 p.)
ISBN : 978-2-343-05743-9, ISBN EBOOK : 978-2-336-37101-6

MA VÉRITÉ SUR LE MARÉCHAL MOBUTU ET SUR LA TRANSITION DÉMOCRATIQUE AU ZAÏRE (1990-1997)
Mukalay Nsungu Banza - Préface de Camille Sesep N'sial
La «transition démocratique» en République démocratique du Congo aura été l'une des plus troubles, complexes et longues de tout le continent africain (1990-2006). Acteur et témoin privilégié de l'histoire politique de ces dernières décennies, l'auteur pose un regard critique sur ces années de tumulte, en interpellant la responsabilité de l'acteur politique congolais. En évoquant ses

rapports privilégiés avec le maréchal Mobutu, qui lui confiera la direction de son parti, l'auteur pose aussi son jugement global sur le déroulement de la transition.
(Coll. Comptes Rendus, 16.50 euros, 162 p.)
ISBN : 978-2-343-05741-5, ISBN EBOOK : 978-2-336-37097-2

LES MOTS RÉCURRENTS DE LA TRANSITION POLITIQUE AU ZAÏRE (1990-1997)
Mukalay Nsungu Banza
Rompant avec la tradition qui confine l'étude du vocabulaire et du discours politique dans les sphères des chercheurs spécialisés, l'auteur s'intéresse ici aux mots récurrents de la période politique de la Transition (1990-1997) au Zaïre (actuelle RDC). Une période politique qui va du discours historique de la démocratisation, prononcé par le président Mobutu le 24 avril 1990, à l'avènement du président Laurent-Désiré Kabila, le 17 mai 1997. L'ouvrage constitue également une contribution à l'étude du français d'Afrique subsaharienne et spécialement de la RDC.
(Coll. Comptes Rendus, 9.00 euros, 56 p.)
ISBN : 978-2-343-05742-2, ISBN EBOOK : 978-2-336-37092-7

L'U.D.P.S. DANS L'ŒIL DU CYCLONE
La violence politique au Zaïre sous Mobutu (octobre 1985)
Mutamba Makombo Jean-Marie
Cet ouvrage relate la traque et la répression d'un mouvement d'opposition clandestin au Zaïre (R.D. Congo) sous la Deuxième République : l'Union pour la Démocratie et le Progrès Social (UDPS). L'auteur s'appuie sur les rapports d'information établis en octobre 1985 par le Corps des Activistes pour la Défense de la Révolution (CADER), qui témoignent des tribulations du petit peuple qui a souffert pour le triomphe du multipartisme et de la démocratie. Ils révèlent aussi les luttes d'influences, la lutte d'intérêts et de clans au sein du Parti unique.
(12.00 euros, 104 p.)
ISBN : 978-2-343-05729-3, ISBN EBOOK : 978-2-336-37252-5

VALORISER L'EXPÉRIENCE DANS L'ENSEIGNEMENT ADMINISTRATIF
Manuel de psychologie et des sciences de l'éducation en République du Congo
Tabezi Pene-Magu Bernard-Gustave
La notion d'expérience est devenue une référence majeure, aussi bien en éducation que dans tous les métiers où des personnes agissent sur l'activité d'autres personnes (orientation, conseil, management, soins). Elle est de plus en plus valorisée au sein de l'enseignement scolaire comme le montre la promotion des pratiques pédagogiques prônant le recours à l'expérience et à l'expérimentation comme source des apprentissages...
(Coll. Études africaines, 19.00 euros, 192 p.)
ISBN : 978-2-343-05376-9, ISBN EBOOK : 978-2-336-37157-3

DES ÉCOLES PRIMAIRES «EFFICACES»
Étude de leurs déterminants à Kisangani
Kamba Eyanganunga Albert
Dans un environnement scolaire marqué par de forts taux de déperdition et des faibles niveaux d'acquis par les élèves, certaines écoles sortent du lot. Ces écoles primaires efficaces fonctionnent dans un climat scolaire positif, recourent à des pratiques éducatives maximisant le temps d'enseignement et à des pratiques managériales participatives et orientées vers les objectifs.
(Coll. Études africaines, 31.00 euros, 290 p.)
ISBN : 978-2-343-05350-9, ISBN EBOOK : 978-2-336-37239-6

LA BANQUE MONDIALE ET LA RÉFORME DES ENTREPRISES PUBLIQUES CONGOLAISES (RDC)
Une analyse critique des enjeux politiques, économiques et sociaux
Mpoy Kadima Godé
Malgré un cadre macroéconomique en relative amélioration, le redressement des entreprises publiques congolaises (RDC) demeure au coeur des enjeux de la relance de l'économie nationale. Victimes des conjonctures et politiques publiques défavorables à leur expansion, ces entreprises sont, pour la plupart d'entre elles, au bord de la faillite. L'option de la privatisation, préconisée comme solution par le gouvernement congolais, ne peut s'imposer comme l'unique voie de recours. Ce vaste plan de privatisation risque d'entraîner des conséquences néfastes sur les plans économique, social et politique.
(Coll. Comptes Rendus, 18.00 euros, 182 p.)
ISBN : 978-2-343-05927-3, ISBN EBOOK : 978-2-336-37273-0

ARCHIVISTIQUE, BIBLIOTHÉCONOMIE, DOCUMENTATION ET LÉGISTIQUE
Des disciplines de la bibliologie
Bobutaka Bateko Bob
En tant que disciplines de la bibliologie (science générale de l'écrit), l'archivistique et la bibliothéconomie ont pris une ampleur considérable dans l'environnement planétaire actuel caractérisé par l'explosion documentaire. Ces disciplines ont donné naissance à la documentation qui gère l'information actualisée, spécialisée et professionnelle. Outre ces disciplines, ce livre tente de démontrer que la légistique fait également partie des disciplines bibliologiques, au-delà de ses caractères juridiques et politiques.
(Coll. Recherches en Bibliologie, 32.00 euros, 314 p.)
ISBN : 978-2-343-05739-2, ISBN EBOOK : 978-2-336-37076-7

UNE CAUSE SACRÉE
Le dialogue intercongolais, 2000-2003
Winter Philip - Traduit de l'anglais par le professeur Norman Strike
En mars 2000, Philipe Winter est sollicité pour assumer le rôle de chef de cabinet de l'ancien président du Botswana, pressenti pour présider et faciliter le dialogue auquel avaient consenti les trois principales parties belligérantes de la République démocratique du Congo lors de l'Accord de cessez-le-feu de Lusaka en 1999. Ce récit des négociations, basé sur les notes prises par l'auteur ainsi que sur de

nombreux procès verbaux et rapports de réunions, constitue un compte rendu qui met en valeur l'importance de la patience et de la diplomatie dans la mise en place d'un cadre pour un meilleur avenir de la RDC.
(Coll. Études africaines, 36.50 euros, 356 p.)
ISBN : 978-2-343-04843-7, ISBN EBOOK : 978-2-336-36842-9

L'INTRODUCTION DE LA TVA EN RÉPUBLIQUE DÉMOCRATIQUE DU CONGO
Critique de la transition fiscale en Afrique
Matenda Kyelu Athanase
Préface de Jean-Claude Martinez – Postface d'Evariste Mabi Mulumba
Le 1er janvier 2012, la TVA entre en vigueur en RDC : aventure de dix ans pour la Direction générale des Impôts d'un pays grand comme l'Europe de l'Ouest. Ce livre pionnier d'une intelligence économique des nations révèle lieux, hommes et déroulement de la réforme pour amener la question iconoclaste : est-ce nécessaire d'avoir la TVA ? N'aurait-il pas été plus efficace de muter la technologie des droits de douane pour les rendre déductibles, plutôt que s'aligner sur la solution de leur réduction puis suppression, avec l'introduction compensatoire d'une TVA ?
(70.00 euros, 510 p.)
ISBN : 978-2-343-03255-9, ISBN EBOOK : 978-2-336-36928-0

LE CONSEIL AGRICOLE RURAL DE GESTION ET DÉVELOPPEMENT À LA BASE EN RDC
Makala Nzengu Patrick - Préface de Thomas Kembola Kejuni
Les évolutions techniques et socioéconomiques dans le secteur agricole de la RDC ont permis d'adopter de nouvelles orientations fondées sur l'approche programme et l'inclusion des acteurs du monde rural dans les politiques agricoles. La nouvelle approche «CARG», objet de ce livre, fait rupture avec celles, directives, d'encadrement et de vulgarisation des pouvoirs publics et partenaires au développement. Elle puise dans les valeurs socioethnologiques congolaises : dynamique communautaire, savoir local ou paysan et autoprise en charge.
(Coll. Études africaines, série Agro-Alimentaire, 17.00 euros, 166 p.)
ISBN : 978-2-343-04888-8, ISBN EBOOK : 978-2-336-36890-0

L'HARMATTAN ITALIA
Via Degli Artisti 15; 10124 Torino

L'HARMATTAN HONGRIE
Könyvesbolt ; Kossuth L. u. 14-16
1053 Budapest

L'HARMATTAN KINSHASA
185, avenue Nyangwe
Commune de Lingwala
Kinshasa, R.D. Congo
(00243) 998697603 ou (00243) 999229662

L'HARMATTAN CONGO
67, av. E. P. Lumumba
Bât. – Congo Pharmacie (Bib. Nat.)
BP2874 Brazzaville
harmattan.congo@yahoo.fr

L'HARMATTAN GUINÉE
Almamya Rue KA 028, en face
du restaurant Le Cèdre
OKB agency BP 3470 Conakry
(00224) 657 20 85 08 / 664 28 91 96
harmattanguinee@yahoo.fr

L'HARMATTAN MALI
Rue 73, Porte 536, Niamakoro,
Cité Unicef, Bamako
Tél. 00 (223) 20205724 / +(223) 76378082
poudiougopaul@yahoo.fr
pp.harmattan@gmail.com

L'HARMATTAN CAMEROUN
BP 11486
Face à la SNI, immeuble Don Bosco
Yaoundé
(00237) 99 76 61 66
harmattancam@yahoo.fr

L'HARMATTAN CÔTE D'IVOIRE
Résidence Karl / cité des arts
Abidjan-Cocody 03 BP 1588 Abidjan 03
(00225) 05 77 87 31
etien_nda@yahoo.fr

L'HARMATTAN BURKINA
Penou Achille Some
Ouagadougou
(+226) 70 26 88 27

L'HARMATTAN SÉNÉGAL
10 VDN en face Mermoz, après le pont de Fann
BP 45034 Dakar Fann
33 825 98 58 / 33 860 9858
senharmattan@gmail.com / senlibraire@gmail.com
www.harmattansenegal.com

L'HARMATTAN BÉNIN
ISOR-BENIN
01 BP 359 COTONOU-RP
Quartier Gbèdjromèdé,
Rue Agbélenco, Lot 1247 I
Tél : 00 229 21 32 53 79
christian_dablaka123@yahoo.fr

Achevé d'imprimer par Corlet Numérique - 14110 Condé-sur-Noireau
N° d'Imprimeur : 123762 - Dépôt légal : novembre 2015 - *Imprimé en France*

www.ingramcontent.com/pod-product-compliance
Lightning Source LLC
LaVergne TN
LVHW010928061026
849535LV00007B/2295